Nicol Ljubić

# Heimatroman
oder
Wie mein Vater ein Deutscher wurde

Deutsche Verlags-Anstalt
München

*Meinem Vater*

# Prolog

Nur wenige werden sich an den Grizzly von Zračna Luka erinnern. Es ist mehr als dreißig Jahre her, daß er dort im Flughafen von Zagreb gearbeitet hat. Die sich erinnern, werden sagen, er sei groß gewesen, über 1,80 Meter und mehr als hundert Kilo schwer und daß er stets ein weißes Hemd zur dunkelblauen Hose getragen habe. Und, nicht zu vergessen, seine Koteletten, diese riesigen, schwarzen Koteletten, die ihm zum Kieferknochen reichten und die damals so in Mode waren.

Mein Cousin Mišun erzählt die Geschichte, wie er damals, Anfang der Siebziger, zum Flughafen fuhr, um den Grizzly zu sehen. Er hat ihn gesucht und nicht gefunden und ist dann zur Information gegangen. Er sagte, ich suche den Grizzly. Die beiden Frauen schauten sich an. Weißt du, wo er ist? Und als die eine den Kopf schüttelte, griff die andere zum Mikrofon und rief ihn aus: *Grizzly, please come to the information desk!*

Es soll Reisende gegeben haben, die sich infolge dieser Durchsage verschreckt umsahen; die Menschen, die in jener Zeit zum Flughafenpersonal gehörten, aber hatten längst Zutrauen gefaßt. *Bok, Grizzly*, sagten sie, wenn sie ihm begegneten. Grüß dich.

Die sich erinnern, werden auch sagen, wie kräftig er gewesen sei, daß er mal ein Apfelbäumchen samt Wurzeln aus der Erde gerissen habe. Manch einer wird sich erinnern, wie sie nach Dienstschluß zusammen in dieser kleinen Kneipe in der Altstadt *bijele bubrege* gegessen und sich gewundert haben, weil *bubrezi* eigentlich Nieren sind, *bijeli bubrezi* aber Pferdehoden. Womöglich denkt manch einer von ihnen bis heute, Grizzly sei sein Vorname gewesen. Grizzly Ljubić.

Ein Foto aus jener Zeit zeigt ihn im weißen Hemd, darunter ein mächtiger Oberkörper. Ein breites Gesicht, schwarze Locken – und dann diese unglaublichen Koteletten! Er erzählt gern die Geschichte von der Geburt seines Sohnes. Wie er ins Krankenhaus fuhr, vor der Scheibe zur Säuglingsstation stand und die Schwester, ohne ihn nach seinem Namen zu fragen, den Sohn brachte. Auch er hatte mächtige, schwarze Koteletten.

Die sich an den Grizzly erinnern, werden sagen, er habe eine Stimme gehabt, die Wände vibrieren ließ, so laut und voluminös sei sie gewesen. Meine Mutter war überzeugt davon, daß diese Stimme eine Folge seiner Arbeit als Flugzeugtechniker war, täglich mußte er sich dem Krach der Triebwerke aussetzen. Und mit den Jahren lernte er, sich zu behaupten. Manchmal in Unterhaltungen, wenn die anderen immer stiller wurden, legte meine Mutter ihre Hand auf seinen Unterarm und sagte: Nicht so laut, Schatz.

Der Grizzly war ein Mann, den nichts umhauen konnte. So schien es. Mit siebzehn fuhr er Motorradrennen in Zagreb, mit seiner Adler 250 die engen Kurven auf den Berg Sljeme. Und dann stand auf einmal ein alter Opa vor ihm auf der Straße, der Grizzly schoß durch die Strohballen, die als Begrenzung am Straßenrand lagen, und prallte gegen eine Steinwand. Er schlug sich die unteren drei Schneidezähne aus. Am selben Nachmittag noch verließ er das Krankenhaus. Er hat sogar seine Zähne behalten, der Zahnarzt im Krankenhaus hat sie ihm einfach wieder ins Zahnfleisch gesteckt und gesagt, sie würden anwachsen.

Kurz vor der Geburt seines Sohnes kam er mit seinem Opel Rekord 1900 Coupé von der Straße ab, weil ein Auto ihm den Weg geschnitten hatte, er überschlug sich mehrfach.

Er verlor das linke Ohr. Sein Glück war, daß er es sich in die Tasche gesteckt hatte und die Ärzte es ihm wieder annähen konnten. Er hatte seine Frau nicht angerufen und stand plötzlich vor der Haustür mit einem bandagierten Kopf, der aussah, als trüge er einen Turban. Er sagte: Dein Scheich ist da.

Später, während einer technischen Schulung der Lufthansa, wurde er in der Wüste Arizonas von einer Tarantel gebissen. Er lag acht Tage im Krankenhaus auf Eis. Und nachdem er aufwachte, hatte er einen Brand auf Milch. Fünf Liter hat er getrunken und den Namen des Arztes nie vergessen, der ihm das Leben gerettet hatte: Dr. Limbacher.

Und dann war es ausgerechnet eine Mücke, die dem Grizzly schwer zusetzte. Manche werden sagen, es sei die Ironie des Lebens. Es war im Sommer 1991. Er war einundfünfzig, beruflich auf dem Höhepunkt. Die Lufthansa hatte ihn nach Kamerun versetzt, er verdiente gutes Geld. Zur Wohnung, in der er mit meiner Mutter lebte, gehörten ein Pool und Simon, der Hausangestellte, hinter dem meine Mutter stets herputzte, weil er keinen Blick hatte für die entlegenen Ritzen. Er hatte gerade einen Mitsubishi Pajero gekauft, einen Wagen, der meiner Mutter viel zu groß war, er wollte die letzten Jahre vor der Rente genießen, Kamerun und danach noch was Schönes, vielleicht Portugal oder Spanien, aber dann stach ihn diese kleine, verfluchte Mücke. Es war abends, er saß mit seinen afrikanischen Kollegen in einer Kneipe, es hatte geregnet, und das Wasser stand auf den Straßen, er weiß noch, daß sein Stuhl in einer Lache stand und seine Füße naß wurden, er hatte es noch gesehen, dieses rötliche Insekt mit den großen Flügeln, das sein Leben verändern sollte. Am nächsten Morgen waren seine Hände geschwollen. Solche Löffel, sagt er, und deutet eine tellergroße Hand an. Er bekam Schüttelfrost, das Fieber stieg und fiel, die Kopfschmerzen blieben. Die Ärzte rieten ihm, nach Hamburg zu fliegen, er sollte sich ins Bernhard-Nocht-Institut für Tropenmedizin begeben, damit die Malaria dort richtig behandelt werden könnte. Aber die brauchten eine Weile, um sie überhaupt zu diagnostizieren. Immer wieder hatten sie sein Blut ins Labor geschickt, immer wieder hieß es: keine Malaria. Bis dann der Arzt triumphierend ins Zimmer kam und sagte, sie hätten nun den Grund gefunden für sein Leiden, es sei eine Malaria und nicht mal eine seltene, die gängige Malaria tropica. Er bekam Medikamente und durfte bald nach Hause. Das einzige, an das ich mich erinnere, ist der Blick aus seinem Zimmer. Man konnte den Hafen sehen.

In jener Zeit starben fünf Patienten im Tropeninstitut, was wir erst später erfuhren, als die Medien über den Skandal berichteten. Der Chefarzt wurde beurlaubt, er hatte mit Malaria-Patienten ohne deren Wissen eine Arzneimittelstudie betrieben.

Im Herbst fing der Grizzly wieder zu arbeiten an, er ging ein letztes Mal zurück nach Kamerun, und dort entzündete sich im Februar 1992 seine Bauchspeicheldrüse. Er wurde ausgeflogen und in Bremen vom Flughafen direkt auf die Intensivstation gebracht, wo er drei Wochen im künstlichen Tiefschlaf verbrachte. Nachdem die Ärzte ihn wieder erweckt hatten, fuhr er zur Kur nach Bad Kissingen. Vier Wochen sollte er bleiben. Aber nach zwei Wochen klingelte das Telefon, und wir erfuhren, daß er nach Würzburg gebracht wurde, weil seine Bauchspeicheldrüse Zysten gebildet hatte. Nekrosierende Pankreatitis mit Pankreaspseudozytenbildung. Nach der Operation kam er nach Hause und allmählich wieder zu Kräften. Ich machte Abitur, begann meinen Zivildienst und zog zu Hause aus. Ich packte eine Matratze ins Auto, zwei Taschen und verbrachte meine erste Nacht in der neuen WG. Und zog am nächsten Tag wieder zurück, weil er nachts einen Kleinhirninfarkt im Bett hatte. Das war am 11. Februar 1993, der Tag, den meine Mutter nie vergessen wird. Der Notarzt, den sie gerufen hatte, sagte, es sei kein Infarkt und daß sie morgens mit ihm ins Krankenhaus fahren solle. Und weil sein Mund schiefhing, ihm der Speichel rann, er seinen rechten Arm nicht bewegen konnte und morgens nur noch röchelte, rief sie einen zweiten Notarzt, der ihn mit Blaulicht ins nächste Krankenhaus brachte. Das war am Freitag, am Sonntag kam der Anruf, sie müßten ihn sofort operieren, ihm den Kopf öffnen und Teile des Kleinhirns entfernen.

Es war klar: Er würde nicht mehr arbeiten können. Mit dreiundfünfzig ging er in Frührente und zog mit meiner Mutter in eine Doppelhaushälfte nach Bremen.

Daß Gott ihn bestraft habe, sagt er manchmal. Ihn, der zwar katholisch ist und Ministrant war, dessen Glaube aber an dem Tag abhanden kam, als der Küster ihm in den Hintern trat, weil er über seinen Talar gestolpert war und Weihrauch verschüttet hatte.

Als Mišun, mein Cousin, vom Grizzly erzählt, schaut mein Vater aus dem Fenster. Er sitzt auf dem Beifahrerplatz und hat seinen Stock zwischen die Knie geklemmt. Mišun ist mit uns auf den Sljeme gefahren, diese kurvige, schmale Straße, von der aus, wenn der Wald sich lichtet, Zagreb zu sehen ist. Die Stadt, in der er geboren wurde und dreißig Jahre später auch ich, der Sohn mit den mächtigen, schwarzen Koteletten. Niemand nennt ihn mehr Grizzly. Schon lange nicht mehr. Und hätte Mišun es nicht erwähnt, dann hätte ich gar nicht gewußt, daß ich der Sohn des Grizzlys bin.

Die ganze Zeit schon schaut mein Vater nach vorn, auf die Straße. Seine rechte Hand spielt mit der Lederschlaufe, die am Griff seines Gehstocks befestigt ist, während Mišun fährt und diese Geschichten von früher erzählt. Über den Gesichtsausdruck meines Vaters kann ich nichts sagen, ob er still lächelt oder nachdenkt, ob es ihn schmerzt; ich sitze hinter ihm und frage mich, warum ich ihm so selten geglaubt habe.

Lange Zeit war ich mir sicher gewesen, daß die Geschichte vom Tarantelbiß erfunden war. Dieses Mistvieh, und ich hab's noch gespürt, wie es unter der Hose das Bein hochlief – ich hab' noch mit 'nem Schraubenzieher draufgeklopft!

Jahrelang standen im Keller auf einem Regal hinter der Bar drei Blechpokale, die noch aus der Zeit seiner Motorradrennen stammen sollten. Er habe viel mehr gehabt, sagte er, aber die seien zerstört worden, als die Save über die Ufer getreten sei und Zagreb überflutet habe. Mittlerweile hat meine Mutter die drei Pokale ausrangiert, weil sie erstens Staub fingen und zweitens potthäßlich waren. Geblieben ist ein Foto von einem Mann auf einem Motorrad, in einer Kurve, leichte

Schräglage, am Straßenrand Zuschauer. Mein Vater sagt, der Mann auf dem Foto, das sei er.

Nach einigen Kurven führt die schmale Straße ein Stück geradeaus. Der Wald wird lichter, und Mišun hält an. Von der Beifahrerseite aus haben wir den Blick über Zagreb. Auf einem Plateau liegt die Altstadt. Davor ein Wirrwarr von Häusern und in der Peripherie Hochhäuser, sozialistische Plattenbauten, dazwischen große Schneisen, in denen breite Straßen aus der Stadt führen. Irgendwo im alten Kern, von hier oben nicht zu orten, liegt das Haus, in dem mein Vater aufgewachsen ist. Für mich ist es die Ansicht auf eine fremde Stadt, auch wenn sie als Geburtsort in meinem Paß steht. Wann war ich das letzte Mal hier? Ist es fünfzehn Jahre her? Zwanzig? Ich versuche, mich zu erinnern, mich an irgendein Ereignis zu klammern, das mir zeitliche Orientierung geben könnte, aber da ist nichts.

1971 kam mein Vater nach Zagreb zurück. Damals im Dienst der Lufthansa, für die er seit 1965 gearbeitet hatte. Er, der dreizehn Jahre zuvor aus dieser Stadt, diesem Land geflohen war, kam als Deutscher wieder. Mit einer deutschen Frau. Als Vater von zwei Töchtern, die bei ihrer deutschen Mutter, seiner Ex-Frau, in Bremen lebten, als Mann, der nach einer Odyssee durch Italien und Frankreich in Deutschland gelandet war, wie so viele, damals, Anfang der Sechziger, die ihr Glück suchten und Arbeit fanden. Im November 1971 wurde er zum dritten Mal Vater. Meine Geburtsurkunde trägt einen jugoslawischen Stempel, Geburtsort: Zagreb. Gemeinde: Maksimir. Es waren die einzigen drei Jahre, die ich in dieser Stadt gelebt habe. 1974 zogen wir nach Schweden, später nach Griechenland, Rußland, Kamerun, mit sechzehn kam ich dann nach Deutschland.

Mein Vater schaut still aus dem Fenster. Trotz allem ist es seine Stadt. Geblieben. Ob er sich hier zu Hause fühle, hatte ich ihn gefragt, als wir gestern ankamen. Ich bin hier geboren, sagte er. Ich sehe meine Familie. Natürlich freue ich mich.

Das Foto vom Motorradrennen vor Augen, suche ich Übereinstimmungen. Eine Kurve, ein erdiger Straßenrand, links und rechts ragen Äste ins Bild. Ist es die Straße, auf der wir gerade fahren? Ist mein Vater hier hinuntergejagt im Beiwagen seines Chefs und später mit seiner Adler 250? Damals machte er seine Lehre zum Autoelektriker. Er hat mir ein Papier gezeigt. Eine beglaubigte Übersetzung seines Arbeitsbuchs. Familienname: Ljubić. Vorname: Drago. Staatsangehörigkeit: jugoslawisch. Volkszugehörigkeit: kroatisch. Fachausbildung: Autoelektriker. Meisterprüfung in Zagreb abgelegt.

Mein Vater besaß ein technisches Geschick, wie ich es bei keinem anderen jemals erlebt habe. Er hat alles repariert, Flugzeuge, Autos, Fernseher, Radios. Die gesamte Nachbarschaft ließ sich von ihm die Autos reparieren. Dann lag er in seinem hellblauen Overall unterm Auto und rief mir Fremdwörter zu: Franzose, Dreizehner, Engländer. Und fragte sich, von wem ich bloß diese zwei linken Hände geerbt hätte. Ich habe mich nie gefragt, warum er all das konnte.

Warum sprach er Französisch? Wenn auch nicht perfekt, wie er behauptete, aber immerhin. Warum konnte er ein Schwein schlachten und zerlegen? Und warum schaut er sich jeden Film mit Fernandel an, am liebsten »Don Camillo und Peppone«?

Mein Vater hat schon immer Geschichten erzählt, eigentlich waren es Anekdoten, die für mich keine zusammenhängende Lebensgeschichte ergaben, er nannte sie Schwank aus meinem Leben. Er war Nationalspieler von Korsika. Und als Beweis zeigte er mir ein Foto: elf Männer in gestreiften Trikots, der größte, ganz außen, mein Vater. Aber wie konnte Korsika eine Nationalmannschaft haben? Korsika gehörte doch zu Frankreich. Und wieso spielte eine Nationalmannschaft auf einem staubigen Platz?

Als ich ihn vor kurzem darauf ansprach, sagte er, da hätte ich etwas in den falschen Hals bekommen, *Heiz*, eigentlich sagte er, da hast du etwas in den falschen *Heiz* bekommen, weil er es sich so angewöhnt hat, er sagt auch *Pumullunder* statt Pullunder und *gib imu* statt gib es ihm.

Es gibt auch die Geschichte vom berühmten Onkel Ernst. Es ist erstaunlich, wie viele Menschen, wenn sie meinen Nachnamen erfahren, mich auf Ernst ansprechen. Als ich meinen Vater mal fragte, sagte er, Ernst Ljubić, der berühmte Hollywood-Regisseur, gehöre zur Familie. Ich schaute ins Personenlexikon und stellte fest, daß Ernst Ljubić eigentlich Ernst Lubitsch hieß und in Berlin geboren wurde. Mein Vater sagte, seine Mutter habe erzählt, daß Ernst die Familie mal besuchen wollte, damals lebte sie noch in den Bergen bei Pušća Bistra. Onkel Nikola, der Angst hatte, Ernst könnte es auf einen Teil des Erbes abgesehen haben, schrieb ihm, er brauche nicht zu kommen, die Lage im Land sei so schlecht, daß Menschen angefangen hätten, einander zu verspeisen. Ernst hat sich daraufhin nie mehr gemeldet, und auch das Rote Kreuz, über das ihn meine Großmutter suchen ließ, hat ihn nicht finden können.

Mein Vater erzählt solche Geschichten mit einem Ernst, daß Menschen, die ihn nicht kennen, irritiert sind. Auch ich wußte nie, was ich ihm glauben sollte. Die Geschichten, die er erzählte, klangen so fantastisch, daß ich sie für Blüten seiner Erinnerungen hielt: als Neunzehnjähriger will er in Italien illegal Lastwagen gefahren sein, mit zwanzig will er in Frankreich eine Affäre mit der Schwester des Premierministers gehabt haben, die Mann, Kinder und eine Schlachterei besessen haben soll. Er will im Kreise von Fernandel, Juliette Gréco und Gilbert Bécaud seine Abende verbracht haben. Fast, so erzählt er, sei er nach Amerika gegangen und hätte in Chicago in einer Autowerkstatt gearbeitet, die Papiere habe er schon gehabt, aber dann habe er am Tag vor der Abreise erfahren, daß er Vater würde, und statt in Chicago landete er in Bremen.

Es ist lange her, daß ich neben seinem Bett stand und seine Hand hielt, diese große Hand, in der kein Leben war, die kraftlos in meiner lag und die ich kaum umfassen konnte. Ich betrachtete die dunklen Härchen auf den Fingerrücken; wie oft hatten wir uns früher die Hand gedrückt, bis mir die Tränen in die Augen schossen. Es war eine Kraftprobe gewesen, ein Spiel, das vielleicht gar keines war. Damals sagte er jedesmal: Junge, laß dich nicht mit deinem Alten ein. Als ich neben seinem Bett stand und seine Hand drückte, spürte ich zum erstenmal keine Gegenwehr.

Mein Vater war stets so stolz auf seine Hände gewesen. Die Finger paßten nicht zum Rest seines Körpers, weil sie so schlank waren. Er glaubte, daß er mit diesen Fingern auch Pianist hätte werden können. Er achtete stets darauf, daß er keinen Dreck unter den Nägeln hatte. Und wenn er unter einem Auto lag und am dreckigen Motor herumschraubte, dann schrubbte er sich anschließend minutenlang die Hände. Mit Bürste und Spezialseife. Die Nägel schneidet ihm meine Mutter. Auch damals auf der Intensivstation hatte er gepflegte Nägel.

Es war die Zeit der Bauchspeicheldrüsenentzündung. Die Ärzte wollten nicht sagen, ob er wieder aufwachen würde. Sie hatten ihn in einen Tiefschlaf versetzt, er wurde künstlich beatmet, und zwischen dem Pumpen der Maschine war es still in dem Raum. Das war nicht ungewöhnlich. Ich mußte daran denken, wie selten wir miteinander geredet haben. Ich meine: über Dinge jenseits des Alltags. Ich wußte wenig über ihn und sein Leben. Da waren diese vielen Anekdoten, für die ich mich aber nie sonderlich interessiert hatte. Und sonst? Über Gefühle sprachen wir so gut wie nie, als mir die Liebe Schmerzen bereitete, sagte er, ich solle erst mal mit beiden

Beinen im Leben stehen, bevor ich mit der Liebe anfinge. Ich verzichtete darauf zu fragen, wie es bei ihm war, ob er jemals Liebeskummer hatte. Das einzige Mal, daß ich ihn weinen sah, war nach dem Tod seiner Mutter. Sie war im Krankenhaus gewesen, weil sie Probleme hatte mit ihrer künstlichen Hüfte, mein Vater hatte ihr ein neues Bett gekauft, sie hatten ihr Zimmer gestrichen, damit sie es schön haben würde,

wenn sie nach Hause kam. Die Familie wartete auf sie, wir frühstückten gemeinsam draußen unter der Laube, dann flogen meine Eltern und ich zurück nach Schweden, wo wir damals lebten. Kaum, daß wir zu Hause angekommen waren, klingelte das Telefon. Ivana, seine Schwester, sagte, die Mutter sei tot. Ich erinnere mich: Mein Vater saß am Küchentisch, das Gesicht in die Hände gelegt, und weinte. Ich setzte mich zu ihm und versuchte zu weinen. Auch wenn ich nicht wußte, was das war, der Tod. Aber es mußte etwas sein, das stärker war als mein Vater.

Hatte er nicht später, wenn ich weinte, gesagt: Junge, du willst ein Mann sein? Es war egal, ob der Schmerz Folge einer äußeren oder inneren Verletzung war, ob die Wunde zu sehen war oder nicht. Mann wie Baum, sagte er gern über sich. So wie er Pferde kotzen sah, habe ich schon Bäume weinen sehen. Man mußte ihnen nur eine Kerbe schlagen, die tief genug war. Aber das habe ich erst später gelernt.

Damals, als ich neben seinem Bett stand und seine Hand hielt und nicht wußte, ob er jemals wieder aufwachen würde, faßte ich den Entschluß: Falls er den Kampf gewinnen sollte, dann würde ich ihn endlich kennenlernen wollen, ihn und seine Geschichte. Es sollte zwölf Jahre dauern, bis ich ihm vorschlug, mit mir die Reise in seine Vergangenheit zu unternehmen. Nur wir beide. Vater und Sohn. Fünftausend Kilometer quer durch Europa. Eine Reise in all die Orte, in denen er auf dem Weg nach Deutschland Station machte. Mein Vater hat ein paar alte Dokumente herausgesucht, von denen ich nicht mal wußte, daß es sie gibt: einen französischen Flüchtlingsnachweis aus dem Jahr 1962, einige französische Arbeitsbescheinigungen aus den Jahren 1960 bis 1962 – und dann noch ein paar Fotos von früher, auf zweien ist ein handschriftlicher Vermerk auf der Rückseite: La Corse, 15. III. 1960. Das und seine Erinnerungen sind alles, was wir hatten, als wir uns auf den Weg machten.

# Zagreb

*Mutter hat geweint, das weiß ich noch, und auf Vater geschimpft, weil er mich nicht festgehalten hat. Antun, halt den Jungen, Antun, laß ihn nicht weg! Aber Vater hat gesagt: Wenn er gehen will, geht er. Ist alt genug. Mutter hat Angst gehabt, noch ein Kind zu verlieren. Milan, mein Bruder, war ja schon weg. Ist ein Jahr vor mir gegangen. Von einem Tag auf anderen war er weg, hat keinem was gesagt. Ich hab' gesagt, ich gehe Milan suchen. Und Schwägerin, du weißt, Stojana, hat gesagt: Wenn du Bruder suchen gehst, kommt Kanarinac mit. Wir haben Kanarinac zu ihm gesagt, Kanarienvogel, richtigen Namen kenne ich nicht. Soviel ich weiß, war er Cousin von Stojana. Die Eltern waren im Krieg gestorben. Er war – wie sagt man auf deutsch, wenn ein Kind keine Eltern hat? – Waise? Ja, Waise. An dem Tag auf jeden Fall war Kanarinac da. Ich hatte kleine Tasche, Art Aktentasche. Was da drin war? Ein paar Socken, Unterhosen, Hemden, du weißt, was man so mitnimmt. Zehntausend Dinar hatte ich – das war alles. Mutter lief hinterher, wollte mich festhalten. Aber Vater gesagt, Ana, laß ihn. Wir haben den Abendzug genommen. Zagreb – Nova Gorica. Sind nachts angekommen. Sind durch Wälder gelaufen und morgens bei erste Sonnenlicht waren wir in Italien. Milan hat aus Frankreich geschrieben: Wir sollen auf italienische Polizei aufpassen. Wenn sie dich erwischen, verkaufen sie dich nach Australien. Die Gesunden wurden verkauft, die anderen zurückgeschickt. Für jeden Jugoslawen, den sie zurückbrachten, haben sie Kuh bekommen. Ich soll Paprikapulver mitnehmen, hat er geschrieben, wenn Hunde kommen. Das weiß ich noch, ich hatte Paprika dabei. Wann das war? Klar weiß ich, wann das war. Im November achtundfünfzig. Oder Oktober? War gerade achtzehn geworden. Neunzehn, sagst du? Ich bin neununddreißig geboren, das heißt, achtundfünfzig war ich – neunzehn, du hast recht. Junge, du darfst nicht vergessen, ist fünfundvierzig Jahre her, wie soll ich mich an alles erinnern?*

Wir sind morgens in Bremen losgefahren, haben unterwegs dreimal getankt und viermal gepinkelt, wir haben die Kühlbox, die meine Mutter gefüllt hat, zur Hälfte geleert, übrig sind lediglich: sechs Frikadellen, vier Tafeln Schokolade, fünf Bananen, drei Äpfel, zwei Joghurts, zwei Tüten Fruchtgummi, eine Flasche Cola und vier Energieriegel, die sie eingepackt hat, damit ich nicht am Steuer einschlafe. Sie hat auch zwei Leuchtwesten gekauft, damit uns niemand überfährt, falls wir im Dunkeln eine Panne haben sollten. Man kann nie wissen.

Du kennst doch deine Mutter, sagt mein Vater, die nimmt sogar Brötchen mit ins Flugzeug. Ich sage jedesmal, Annelies, kein Mensch verhungert in zwei Stunden, aber ist nichts zu machen. Ich sage immer, Annelies, wer Geld hat, verhungert nicht. Aber du siehst ja: Deine Mutter hat wieder eingepackt, da können wir drei Wochen von leben – und dann schimpft sie, daß ich zu dick bin.

Es sind dreizehnhundert Kilometer nach Zagreb, wo die Geschichte ihren Anfang hat. Hier kam mein Vater am 25. September 1939 als Hausgeburt zur Welt. Der kleine Dragutin, genannt Drago, war das dritte von sechs Kindern. Oder waren es sieben? Mein Vater nimmt die Finger seiner linken Hand zur Hilfe. Also, da waren Milan, er zeigt auf seinen Daumen, Ivana, Zeigefinger, ich, Mittelfinger, Djurdja, Ringfinger, Zdenka, kleiner Finger, Boris. Ach ja, und Vinko, kein Finger. Vinko zählt nicht, Vinko ist im Alter von drei an einer Lungenentzündung gestorben. Von Vinko höre ich zum erstenmal im Auto, auf dem Weg nach Zagreb. Auch an die anderen Onkel und Tanten habe ich keine Erinnerungen, bis auf Ivana und Boris. Ivana, weil mein Vater zu ihr, der älteren Schwester, den engsten Bezug hat, er wohnt bei ihr, wenn er zu Besuch ist, er ruft sie zum Geburtstag an und schickt ihr zu Weihnachten eine Karte. Denke ich an Ivana, sehe ich sie in ihrer kleinen Küche, wie sie Palatschinken durch die Luft wirbelt und sie mit der Pfanne auffängt. Und jedesmal wenn meine Mutter zu Hause Pfannkuchen gemacht hat, sagte mein Vater, Annelies, das sind Tortenböden, keine Pfannkuchen. Laß dir mal von Ivana zeigen, wie das geht.

An Boris, den jüngsten Bruder meines Vaters, erinnere ich mich, weil er das Sorgenkind der Familie ist. Er hatte von jeher – so kam es mir vor – Probleme mit dem Trinken und schlief als einziger bis mittags, was mich als Kind ziemlich beeindruckte.

Mein Vater ist (abgesehen von Onkel Ernst) der Ljubić, der es am weitesten gebracht hat: vom Autoelektrikerlehrling zum *Chief Station Engineer* bei der Lufthansa. Dieses goldene Namensschildchen trug er auf der linken Brust seines weißen Uniformhemdes wie eine Plakette. An dem Tag, als das *Chief* dazukam, schenkte er mir sein altes, das ich mir stolz ans T-Shirt heftete: Station Engineer. D. Ljubić.

Und die anderen, frage ich, was machen die eigentlich? Ich weiß nicht einmal, was mein Opa von Beruf war. Meine Erinnerungen an ihn sind von den wenigen Fotos geprägt, die ich von ihm habe. Er sieht auf jedem gleich aus: ein Mann ganz in Braun. Braune Hose, braunes Hemd, braune Strickjacke, braune Hornbrille. Dazu graue Haare, nach hinten gekämmt, ein paar Strähnen, die abstehen, als habe man ihn aus dem Schlaf gerissen.

Mein Vater war Schmied, sagt mein Vater, er hat bei der Eisenbahn gearbeitet.

Und Milan? Ivana? Djurdja?

Milan war Dreher, Ivana hat die höhere Schule abgebrochen und hat danach in einer Fabrik gearbeitet. Sie wollte Lehrerin werden, bevor sie Mutter und Hausfrau wurde, Djurdja war Schuhverkäuferin, und Zdenka versuchte sich als Verkäuferin in einem Laden, den sie sich in einem Zimmer ihres Reihenhauses eingerichtet hatte.

Was hat sie dort verkauft?

Alles. Käse. Wurst. Obst.

Und ihr Mann?

Drago? Der war Heizungsmonteur, er hat auf Baustellen gearbeitet. Er war mal eine Zeitlang in Düsseldorf und später in Leipzig.

Ich versuche, mir all die Namen zu merken – und später, als wir Rast machen, notiere ich alles auf einen Zettel, den ich in den nächsten Tagen immer in der Hosentasche haben werde. Meine Familie, soweit ich es behalten habe: Milan, 1930 geboren und später in Frankreich bei einem Motorradunfall ums Leben gekommen. Er war verheiratet mit Stojana, ein Sohn: Mišun. / Vinko, 1932 geboren, kurz darauf gestorben. / Ivana, 1934 geboren, Mann Ivo, Kinder: Branko und Gordana. / Djurdja, 1942, Mann Slavo, Kinder: Susanna und Milan. / Boris, 1946, keine Frau, keine Kinder. / Zdenka, geboren 1948, Mann Drago, Kinder: Branko und Branka, die allerdings Waisen sind, weil Drago und Zdenka tot sind. Demzufolge habe ich sieben Cousinen und Cousins, von denen die meisten auch schon Kinder haben.

Willst du die Namen auch wissen? fragt mein Vater.

Vielleicht ist es besser, sage ich, ich lerne sie einfach kennen.

Irgendwann wird er still, sieht zum Fenster hinaus. Er hält sich mit der rechten Hand am Griff über der Tür fest. Woran denkt er? Früher ist er diese Strecke mit seinem Opel Commodore in neun Stunden gefahren, und nur widerwillig hat er eine Pinkelpause eingelegt. Es ist nicht leicht für ihn, Beifahrer zu sein. Nach der Operation am Kleinhirn ist er nur noch einmal selbst gefahren. Er war noch mal in die Fahrschule gegangen, aber schon in der ersten Stunde wurde klar: Es ging nicht mehr. Ohne es zu merken, driftete er nach links ab, bis er auf die Gegenfahrbahn geriet und im letzten Moment das Lenkrad herumriß.

Bei Frankfurt sagt er: Ich habe noch mal nachgedacht, ich meine, ich war vielleicht doch allein unterwegs – ohne Kanarinac.

Bei München sagt er: Ich weiß nicht, ich bin mir auf einmal so unsicher, ob wir in Nova Gorica über die Grenze sind.

Kurz vor der kroatischen Grenze sagt er: Hoffentlich ist ganze Reise nicht für die Katz. Wer weiß, was ich noch finde, das alles ist mehr als fünfundvierzig Jahre her. Es ist ausgerechnet die Ausfahrt in Zagreb, seiner Geburtsstadt, die er nicht findet. Die neue Autobahn verwirrt ihn, und wir fahren und fahren, bis die Stadt hinter uns liegt und wir einen kleinen Fluß überqueren, an dem er früher mit Ivo angeln war. Wir halten an der nächsten Tankstelle, und er fragt nach dem Weg.

Er sagt: Ich finde nicht mal den Weg zu meiner Schwester, wie soll das erst in Italien und Frankreich werden?

Ivana steht auf dem Balkon, als wir aus dem Auto steigen. Sie ruft etwas, das ich nicht verstehe. Mein Vater bleibt stehen, die Hände auf den Stock gestützt, und blickt hoch. Es ist Ende Mai und selbst abends um elf noch drückend heiß. Die Nacht ist hell, man erkennt Wolken, die sich langsam durch den Himmel schieben, die Umrisse des Wohnblocks, die Fenster merkwürdig dunkel, nirgendwo Licht. Von oben kommt die Stimme, mein Vater versucht, sie zu orten. *Sestro*, ruft er, *gdje si ti?*

Auf einmal habe ich alles klar vor Augen: dieses Haus, ein fünfstöckiger Block in einer Reihe von fünfstöckigen Blocks, dazwischen Parkplätze, kleine Rasenflächen und Bäume.

Hier habe ich damals Ball gespielt, während Ivana im vierten Stock auf dem Balkon stand, die Ellenbogen auf die Brüstung gelehnt, und auf die Kreuzung blickte, die Menschen, die aus der Tram stiegen, den Verkehr. Die Wohnung: Auch sie habe ich vor Augen, als sei es eine Woche her, daß ich hier war. Man tritt als erstes in diesen kleinen quadratischen Flur, von dem rechts ein schmales Badezimmer abgeht, links eine ebenso schmale Küche, die auf einen kleinen Balkon führt. Neben der Küche ist die Toilette, ein winziger Raum, sogar an die Dose Duftspray erinnere ich mich, die auf dem Spülkasten stand. Gegenüber der Eingangstür gehen Wohn- und Schlafzimmer ab, die sich in ihrer Einrichtung kaum unterscheiden. An zwei Wänden stehen Sofas, an der dritten eine schwere, dunkle Schrankwand. Im Wohnzimmer steht inmitten des Raums noch ein Tisch mit Stühlen.

Als wir uns dem Hauseingang nähern, summt der Türöffner. Ich mache Licht. Es ist kühl im Treppenhaus, wir bleiben einen Moment stehen und genießen diesen Temperatursturz. Mein Vater klammert sich ans Geländer und steigt dann langsam die Treppe hoch. In letzter Zeit ist er öfter gestürzt. Am Telefon sagte er jedesmal: So ist das, wenn man Krüppel ist. Sein Jahr begann mit einem Sturz. Am Neujahrstag rutschte er auf der vereisten Straße aus und verdrehte sich das Knie. So ist das, wenn man sich guten Rutsch wünscht.

Ivana und mein Vater umarmen sich kurz, dann nimmt sie mich in die Arme. Ivana! Sie hat graue Haare bekommen, aber das Gesicht hat noch immer diesen gutmütigen Ausdruck. Vielleicht liegt es ja in der Familie. Ein Freund von mir, der meinen Vater zum erstenmal sah, sagte, in seinen Augen läge soviel Gutmütiges. Ich muß daran denken, weil mein Vater im ersten Eindruck auf viele einschüchternd wirkt. Er ist groß und stattlich, er hat eine laute Stimme und gerät schnell in Rage.

Ivana mustert mich.

Sie sagt etwas, das ich nicht verstehe.

Ich schaue meinen Vater an.

Sie hat dich fünfundzwanzig Jahre nicht gesehen, sagt er.

Ich nicke, weil ich nicht weiß, was ich sagen soll. Warum war ich so lange nicht mehr da? Warum habe ich nie geschrieben oder angerufen? Ist es, weil ich ihre Sprache nicht spreche?

Mein Vater hat zu Hause nie Kroatisch mit mir gesprochen. Es schien ihm nicht wichtig zu sein. Als wir in Schweden lebten, in Griechenland und Rußland, war klar, daß ich auf deutsche Schulen ging, weil wir irgendwann zurückgehen würden. Nicht nach Kroatien, nach Deutschland. Daß ich Deutsch lernen müsse, das hat er mir früh eingetrichtert, denn wenn du die Sprache nicht kannst, behandeln sie dich in diesem Land wie Dreck. Also lernte ich Deutsch. Was ich nicht lernte, war seine Sprache, Kroatisch. Die wenigen Male, die ich ans Telefon ging, wenn Tante Ivana anrief, wurden zu sehr kurzen Gesprächen.

Kako si?

Dobro … äh … warte, ich hole Papa.

Aber natürlich ist es nicht die Sprache allein. Irgendwie hat es sich nicht ergeben. In all der Banalität und Gleichgültigkeit wäre es wahrscheinlich die ehrlichste Antwort. Ich bin froh, daß Ivana nicht nach dem Warum fragt.

Ich hole das restliche Gepäck aus dem Auto, die Taschen, die Tüten mit alten Kleidern, die meine Mutter für Ivana gepackt hat, damit sie die – wie ich erfahre – auf dem Markt verkaufen kann.

Wir setzen uns ins Wohnzimmer, und Ivana stellt etwas zu essen auf den Tisch. Eine Schüssel Salat, einen Topf Nudelsuppe, einen Berg panierter Schnitzel, Reis und einen Teller mit Apfelstrudel.

Dieser Apfelstrudel, sagt mein Vater, kein Mensch macht ihn wie meine Schwester. Ich könnte mich reinsetzen. Wie gut, daß deine Mutter nicht da ist, die würde wieder jammern, daß ich zuviel esse.

Mein Vater nimmt sich ein Stück.

Das ist schon immer so gewesen. Nach dem Essen ist vor dem Essen. Meine Mutter sagt, die tun den ganzen Tag nichts anderes als essen. Wo sonst ein Schälchen mit Nüssen auf dem Tisch steht, sind es hier panierte Schnitzel. Es gibt kaum jemanden in meiner kroatischen Familie, der weniger als hundert Kilo wiegt. Mein Vater bringt hundertfünfzehn auf die Waage, Tante Ivana nicht weniger, Zdenka sei an ihrem Gewicht gestorben, sagt Ivana. Sie habe zuletzt einhundertneunundfünfzig Kilo gewogen. Mit meinen siebenundsiebzig Kilo bin ich das Leichtgewicht der Familie, eine halbe Portion, manchmal nannte mein Vater mich Biafra. Aber ich sollte mir keine Sorgen machen, sagte er, das würde sich alles ändern, denn früher sei er auch so dünn gewesen, was ich nie glauben wollte, bis ich ein altes Foto von ihm gesehen habe. Irgendwann lagerten sich die Kilos an, und mein Vater hat nie wirklich dagegen angekämpft. Mal hat er einige Tassen Mate-Tee getrunken, mal setzte er sich ein paar Minuten auf den Heimtrainer, aber der Elan war spätestens nach ein paar Tagen verflogen. Wenn ihm der Hausarzt zur Diät riet, sagte mein Vater, der dicke Dr. Schmidt, der solle doch selbst erst mal abnehmen. Ich habe nie das Gefühl gehabt, daß es ihn stört, dick zu sein, ich glaube sogar, daß er sich selbst nicht als dick empfindet, denn manchmal, wenn meine Mutter sagt, er solle nicht soviel essen, reagiert er unwirsch. Wo, ruft er dann, wo bin ich fett, zeig mir mal! Und zieht dabei – so gut es geht – seinen Bauch ein.

Als sei Adipositas, die gemeine Fettsucht, übertragbar, strampelt meine Mutter jeden Abend auf dem Heimtrainer, und auch ich renne dreimal die Woche ins Fitneßstudio, seit eine Bekannte sagte, ich hätte einen Bauch bekommen.

Mein Vater nimmt sich ein zweites Stück Apfelstrudel. Zu mir sagt er: Du solltest was essen. Ivana sagt, du bist viel zu dünn. Sie macht sich Sorgen.

Ivana sitzt am linken Ende des Sofas. Früher, erzählt mein Vater, habe sie sich mit Ivo um diesen Platz gestritten. Weil es der Platz neben dem Ofen ist und keiner von beiden am anderen Ende des Sofas sitzen wollte, am Fenster, durch das im Winter die Kälte dringt. Ivo, ihr Mann, ist tot. Woran er gestorben ist? Herzversagen. Er war fünfundsechzig, er wachte gutgelaunt auf, er duschte und rasierte sich, er setzte sich auf den Balkon, las Zeitung und sackte einfach in sich zusammen. Die meisten in meiner Familie sterben an Herzversagen. Meine Großmutter, die mit dem Stuhl umkippte und tot war. Mein Großvater, der es nicht ertrug ohne seine Ana. Er saß von morgens bis abends an ihrem Grabstein und legte sich dann ins Bett, um zu sterben. Er brauchte zwei Jahre und vier Monate.

Und Zdenka nicht zu vergessen, die zu dick war für ihr Herz. Ein paar Jahre zuvor war ihr Mann, Drago, gestorben, in einem Hotel in Leipzig. Er lag im Bett und ist nicht mehr aufgewacht. Todesursache: Herzstillstand.

Ich erinnere mich, daß mein Vater mal auf dem Sofa saß, seine Hand auf die Brust gelegt und mit Tränen in den Augen stammelte: Mein Herz, ich sterbe. Ich war vielleicht zehn oder elf, stand in der Tür zum Wohnzimmer. Ich sagte: Mama, Papa stirbt. Und Mama sagte: Quatsch. Papa stirbt nicht. Und hatte mal wieder recht behalten.

Seit Ivo tot ist, lebt Ivana allein in dieser Wohnung. Wie lange lebt sie hier schon, will ich wissen. Mein Vater sagt etwas – und ich vermute, er übersetzt. Ivana antwortet etwas. Mein Vater sagt: sechsundvierzig Jahre. Eine Zeitlang haben sie zu sechst in diesen zwei Zimmern gewohnt; Ivana und Ivo in dem einen, deren Tochter Gordana, ihr Mann Josip und ihre zwei Söhne im anderen Zimmer. Ich frage mich, wie das geht: zu sechst auf vierundsechzig Quadratmetern.

Ivana sagt etwas.

Die erste Zeit, sagt mein Vater, konnte Dejan gar nicht schlafen, weil ihm alles zu groß war. Er ist manchmal nachts durch die Wohnung gelaufen, weil auf einmal so viel Platz da war.

Davor hatten sie sich zu viert ein Zimmer im Haus meiner Großeltern geteilt. Ein Bett, einen Tisch, zwei Stühle, einen

Schrank, ein Kinderbett und den Kinderwagen, das alles haben sie auf acht Quadratmetern untergebracht.

Die Häuser, in denen ich mit meinen Eltern gewohnt habe, waren immer groß, ich hatte ein eigenes Zimmer und hätte mir auch nicht vorstellen können, mir eines mit meinen Eltern zu teilen. In Griechenland, wo wir 1978 hinzogen, lebten wir sogar in einer dreistöckigen Villa am Berghang mit Blick auf die Stadt. Ich bekam fast alles, was ich mir wünschte: das Playmobil Piratenschiff, ein BMX-Rad und später ein eigenes Auto. Meine Eltern haben mir geholfen, das Studium zu finanzieren, und den Enkeln überweisen sie monatlich Geld aufs Konto. Mir war nie bewußt, aus welchen Verhältnissen mein Vater stammt. Als Kind hatte ich dafür keinen Blick, es war mir egal, daß meine Großeltern ein Plumpsklo im Garten hatten und daß die Zimmer so klein waren. Daß das, was mir so selbstverständlich erschien, vor dem Hintergrund meines Vaters nichts Selbstverständliches hatte, wird mir eigentlich erst jetzt klar, wo ich in Zagreb bin und meiner Familie begegne, die ich im Grunde nur aus Super-8-Filmen kenne.

Bevor wir ins Bett gehen, ruft mein Vater meine Mutter an. Sie würde sonst nicht schlafen, sie macht sich Sorgen. Manchmal habe ich das Gefühl, ihre Hauptbeschäftigungen sind: Ordnung halten und sich Sorgen machen. Wenn ich von A nach B fahre, ruft sie bei meiner Freundin an und fragt, ob ich in B gut angekommen sei. Das hat sie schon gemacht, lange bevor die Menschheit von Al-Qaida Notiz nahm.

Ich bin's. Wir sind gut angekommen. Alles kein Problem. Der Junge ist gut gefahren. Morgen gehen wir in die Stadt. Ja … ja … ja … schon gut … Annelies.

Und? frage ich.

Sie wollte wissen, ob wir die Frikadellen gegessen haben.

Es ist das erste Mal, daß mein Vater und ich ohne meine Mutter auf Reisen gehen. Nur widerwillig ist sie zu Hause geblieben, sie wäre zu gern mitgefahren, auch wenn sie zuvor noch gejammert hatte, daß sie den Garten nicht so lange allein lassen könne. Wer mäht den Rasen? Wer gießt die Blumen? Es ist schwer, über anderes als den Alltag zu reden, wenn meine Mutter dabei ist.

Als ich meiner Mutter sagte, ich würde allein mit meinem Vater fahren, sagte sie: Und wer paßt auf Papa auf? Du weißt, sagte sie, Papa ist nicht mehr so fit und läßt seinen Stock oft liegen. Und wenn ich ihm die Sachen nicht rauslege, läuft er zwei Wochen in denselben Klamotten rum. Außerdem kann er nicht so schnell laufen, und du rennst doch immer so.

Letztlich aber hat sie es geschluckt. Sie hat für uns eingekauft, sie hat die Nacht kaum geschlafen, am Morgen gesagt, paßt gut auf euch auf, und laßt kein Geld im Auto, ihr wißt, in Italien wird viel geklaut, und als wir losfuhren, sah ich sie im Rückspiegel, wie sie vor dem Haus stand und uns nachwinkte.

Meine Mutter hat schon immer für meinen Vater Hemden und Hosen herausgelegt, weil er nicht mal gewußt hätte, wo in den Schränken sie hingen. Als mein Vater und ich mal zwei Tage allein zu Hause blieben, hat sie vorgekocht und sogar schon den Tisch gedeckt. Das Terrain im Haus ist klar abgesteckt, die kleine Werkstatt ist meinem Vater vorbehalten, auch das Schränkchen mit den Aktenordnern. Als meine Mutter mal in der Werkstatt nach einem Hammer suchte, gab mein Vater ihr zu verstehen, daß sie da nichts zu suchen habe, schließlich würde er auch nicht in die Küche gehen und sich einfach einen Teller aus dem Schrank holen. Von Anfang an waren die Aufgaben verteilt: mein Vater verdiente das Geld, meine Mutter kümmerte sich ums Häusliche. Es war klar, daß sie ihren Job als Zahnarzthelferin aufgeben würde. Mein Vater sagte, solange er zwei gesunde Hände hätte, müßte seine Frau nicht arbeiten. Und damit sie sich nicht langweilte in Zagreb, der Stadt, in die sie 1971 mit ihm zog, sorgte er dafür, daß sie rechtzeitig schwanger wurde. So kam der kleine Scheißer mit den mächtigen Koteletten zur Welt.

Meine Mutter erledigte ihren Teil der Aufgaben mit einer Gewissenhaftigkeit, als hinge ihr Leben davon ab. Sie sagte mit Stolz, daß man in ihrer Küche vom Boden essen könne. Und wenn man sie fragte, warum sie sich so oft damit quälte, die Fenster zu putzen oder das Unkraut aus den Fugen zwischen den Pflastersteinen zu pulen, entgegnete sie: Was sollen denn die Nachbarn sonst denken!

Auch wenn mein Vater manchmal schimpft, weil meine Mutter ihm das Glas wegräumt, aus dem er noch trinkt, oder die Werbebeilagen wegwirft, die er noch nicht studiert hat, so stolz ist er auf seine *majčica*, die kleine Mutter, wie er sie nennt, an deren Ordentlichkeit er sich selbst längst gewöhnt hat. Man muß nur einen Blick in unseren Kofferraum werfen, den er beladen hat. Die große Tasche hat ihren Platz hinten links, daneben der Benzinkanister, meine Tasche im rechten Winkel davor, und die Lücke, die bleibt, füllt das kleine Köfferchen mit den Rollen. Als ich einmal sage, ich gehe vor und pack schon mal das Auto, sagt er: Du weißt, die große Tasche hinten links, daneben der Kanister …

Ich kann mich erinnern, wir waren gerade nach Thessaloniki gezogen, mein Vater hatte im Flughafen das Büro seines Vorgängers übernommen, eigentlich war es ein Lager mit Schreibtisch. Es gab jede Menge Werkzeug, Ersatzteile, Hunderte Schrauben, Schellen und Muttern und einige Flugzeugreifen, die verstaut werden mußten und die sein Vorgänger etwas lustlos im Raum verteilt hatte. Ein Wochenende lang brachten wir zu dritt Ordnung ins Lager. Meine Mutter putzte und wischte Boden, Regale und Flugzeugreifen, ich numerierte Schrauben, Schellen und Muttern, mein

Vater verpackte sie – nach Nummer geordnet – in Kästen, so daß sein Vorgesetzter ihm nach der Inspektion sagte, er habe noch nie ein so ordentliches Lager vorgefunden, worauf mein Vater wiederum sehr stolz war. Ich bezweifle, daß der Lufthansa bewußt war, mit welcher Leidenschaft ihr Angestellter D. Ljubić seinem Job nachging, daß er mit Frau und Kind ein Wochenende lang im Lager wühlte, ohne dafür auch nur eine Überstunde zu berechnen.

Mein Vater ist, seit ich ihn kenne, ein Hundertprozentiger, ein Perfektionist, der es auf den Tod nicht ausstehen kann, wenn jemand pfuscht. Er ist auch der pünktlichste Mensch, den ich kenne, und gäbe es einen Wettbewerb mit dem Ziel, auf die Minute genau von A nach B zu kommen, mein Vater wäre ohne Konkurrenz. Es macht ihn wahnsinnig, wenn er zu spät kommt. Und sei es nur zwei Minuten. Alle Uhren im Haus sind aufeinander abgestimmt, keine geht vor oder nach, und alle schlagen um 20 Uhr mit dem Gong der Tagesschau. Ich erinnere mich, es war in Griechenland und ist zwanzig Jahre her; ich bin nach der Schule zu einem Freund gegangen, nachmittags dann war ich mit meinem Vater in der Stadt verabredet, er sollte mich mit nach Hause nehmen. Ich kam zehn Minuten zu spät. Und mein Vater konnte sich kaum noch einkriegen. Pünktlichkeit ist alles im Leben! Wie ich mir vorstellte, jemals einen Job zu finden? Die würden mich gleich wieder rausschmeißen. Und so weiter.

Später, ich war sechzehn und mußte spätestens um 23 Uhr wieder zu Hause sein. Als einziger aus der Klasse. Ich kam eine Viertelstunde später, weil es lange gedauert hatte, ein Taxi zu bekommen. Mein Vater sprach zwei Tage kein Wort mit mir.

War er schon immer so oder ist es die deutsche Sozialisation, die ihn geprägt hat? Es ist das erste Mal, daß ich mir diese Frage stelle. Und Auslöser ist Ivanas Wohnung. In der Küche stehen Töpfe herum, Gläser und Tassen, die nicht gespült sind, der Müll hängt in einer Tüte am Griff der Balkontür, neben der Spüle stapeln sich die Teller, auf denen noch Essensreste liegen. Auf dem Wohnzimmertisch liegen Zeitschriften herum, und als Ivana eine Tür des Wohnzimmerschranks öffnet, um alte Fotos zu suchen, fallen ihr die Stapel fast entgegen.

Ich frage mich: Ist dies hier der Urzustand und verkörpert Ivana sozusagen den Ur-Ljubić? Wann wurde mein Vater so ordentlich, so pünktlich, so sparsam? Und hat es damit zu tun, daß er vor vierzig Jahren nach Deutschland kam? Vielleicht wurde er nicht so, wie er ist, weil er es in Deutschland zu etwas gebracht hatte, vielleicht hat er es in Deutschland zu etwas gebracht, weil er schon immer so war, wie er ist – anders als seine Geschwister.

Ich bin waschechter Deutscher, das sagt mein Vater manchmal, wenn ihn Leute gemein machen wollen mit Ausländern, die den Sozialstaat ausbeuten, Autos verschieben oder den Deutschen sonstwie auf die Nerven gehen. Mein Vater empfindet das als Provokation – und das ist es natürlich auch, weil es nicht ohne Absicht ist, daß diese Leute gerade meinen Vater mit solchen Themen konfrontieren. Sie tun so, als wollten sie eine Erklärung, warum Ausländer so sind, aber in Wahrheit geht es um Rechtfertigung, er hat dafür ein sehr feines Gespür entwickelt. Er könnte natürlich sagen, daß es ungerechtfertigt ist, den Ausländer an sich zu kriminalisieren, daß die meisten hier leben und arbeiten und das Land zu schätzen wissen, er könnte auf sich selbst verweisen, könnte von sich aus anklagen – habe ich euch jemals betrogen? Habe ich nicht jahrelang eure Autos repariert und keinen Pfennig dafür verlangt? Habe ich jemals vom Staat etwas verlangt? – das tut er aber nicht, er sagt statt dessen, ich bin waschechter Deutscher. Als wolle er zu verstehen geben, daß er der völlig falsche Ansprechpartner ist: wieso, bitte schön, fragt ihr ausgerechnet mich?

Es wäre falsch, diesen Satz allein als Schutzbehauptung abzutun, es ist vielmehr so, daß mein Vater sich wirklich nicht als Ausländer sieht. Er regt sich auf, wenn ein Deutscher ihn nicht versteht, was für ungeübte Ohren auch nicht leicht ist. Er läßt häufig Wörter aus, baut neue, und auch mit Präpositionen und Verbformen hat er seine Probleme, er kann Umlaute nicht sprechen, das Hartz-IV-Motto Fördern und Fordern klingt bei ihm nach Fordern und Fordern, was der Wahrheit vermutlich viel näher kommt. Aber all das hat ihn nie verunsichert. Im Gegenteil. Statt verschüchtert sein Anliegen vorzutragen, wird mein Vater laut und schimpft hinterher: Wo gibt's so was? Ist Chef von Bank und versteht eigene Sprache nicht.

Wenn wir zusammen Fußball schauen, und die Rede kommt auf Spieler wie Klasnić und Kovać, sagt er, die halbe deutsche Liga bestehe aus Kroaten. Dann sage ich, die sind hier geboren und aufgewachsen – und er sagt: Ja, und? Sind trotzdem Kroaten. Und du? frage ich. Ich bin waschechter Deutscher.

Woher diese Verbundenheit kommt, frage ich mich manchmal. Ich glaube, daß er sich in diesem Land seinen Wohlstand erarbeiten konnte, führte zu einer Mischung aus Stolz und Dankbarkeit, die er sich und der Gesellschaft entgegenbringt. Mittlerweile ist das Deutschsein so selbstverständlich, daß er es selbst nicht mehr hinterfragt.

Kroaten reden über Deutsche meist als Švabi. Warum eigentlich? Keine Ahnung, sagt mein Vater. Vielleicht verkörpern die Schwaben den Deutschen, wie man sich ihn vorstellt: sparsam, pünktlich, fleißig, wohlhabend. Das würde auf meinen Vater passen. Drago, der Schwabe.

Am nächsten Tag erlebe ich meinen Vater im Kreis der Familie. Wir sitzen in Ivanas Wohnzimmer. Auf dem Tisch stehen zwei Teller mit Apfelstrudel und Baklava, dazu zwei Plastikflaschen mit Mineralwasser und Weißwein, daraus wird das Familiengetränk gemischt, halb Weißwein, halb Mineralwasser – *Gemišt.*

Ivana sitzt am linken Ende des Sofas – neben dem Ofen. Manchmal scheint es mir, als würde sie es so gut wie nie verlassen, die meiste Zeit des Tages sitzt sie dort, wo sie nachts auch schläft. Dann ist da noch Branko, Ivanas Sohn. Mein Cousin. Er schaut sehr ernst, schon als er ins Zimmer kam. Branko hat früher, als ich ein Baby war, auf mich aufgepaßt, wenn meine Eltern abends weg waren. Er hat es nicht oft gemacht, weil ich so geschrien habe, daß Branko, wie mein Vater sagt, fix und fertig war. Ich kenne Branko von Fotos, auf denen ist er zwanzig, schlank und hat dieses nette Grinsen, als hecke er etwas aus. Im ersten Moment fragte ich mich, wer der Mann ist, als er vorhin ins Zimmer kam und mir die Hand gab. *Tvoj bratić*, sagte er. Dein Cousin, sagte mein Vater. Was ich sonst noch über Branko weiß? Mein Vater hat mir erzählt, daß er Autoelektriker sei. Er hatte eine eigene Werkstatt, die aber zu wenig Geld abwarf. Seitdem ist er bei einem Zeitungsverlag angestellt und kümmert sich dort um die Autos. Er ist verheiratet mit Svetlana und hat zwei Töchter, Petra und Danijela.

Da ist Gordana, Brankos Schwester, meine Cousine. Gordana ist die Lebhafteste in dieser Runde, sie redet viel, sie lacht, sie schüttelt den Kopf, sie ist die einzige, die englisch mit mir redet, auch wenn es nur ein Satz ist, *you like Zagreb?* Und sie ist eine echte Ljubić, wenn als Kriterium gilt, was mein Vater sagt, daß ein echter Ljubić mehr als hundert Kilo auf die Waage bringt.

Da ist Popović, Slavo mit Vornamen, den aber alle nur Popović nennen. Mein Onkel. Er sitzt neben mir am Tisch und ist der einzige, der Mineralwasser trinkt. Er ist der Mann von Djurdja, der Schwester meines Vaters. Djurdja aber ist gerade mit einer Freundin an der Adria. Popović legt hin und wieder seine Hand auf meinen Arm und schaut mich an. Er sagt nichts. Aber er lächelt freundlich. Er war Polizist und stammt, wie ich erfahre, aus einem Dorf nahe der bosnisch-kroatischen Grenze. Nebljusi heißt es, und Tante Ivana braucht eine ganze Weile, bis sie es auf der Karte findet. Während des Krieges haben Serben in dem Haus gelebt. Mittlerweile ist Popović mit seiner Frau zurückgekehrt. Nebljusi, das sind ein paar Häuser auf einem Berg. Mein Vater sagt, daß Popović sage, man müsse verrückt sein, um dort zu wohnen. Dann greift er, nachdem Ivana ihn mehrfach aufgefordert hat, zu einem Stück Baklava. Popović läßt sich als einziger einen Teller geben und eine Gabel.

Mir gegenüber sitzt Boris, mein Onkel, das einstige Sorgenkind. Er hat in derselben Autowerkstatt wie mein Vater seine Lehre gemacht, aber vor der Prüfung hat er hingeschmissen. Boris war ein guter Elektriker, sagt mein Vater. Aber Boris fing an zu trinken. Mehr als die anderen. Warum gerade er aus der Bahn geraten ist? Mein Vater sagt, es liege daran, daß Boris der Jüngste ist und die Mutter krank wurde und lange Zeit in einer Klinik an der Adria verbrachte, wo sie ein künstliches Hüftgelenk bekam. Die Mutter hatte alles unter Kontrolle gehabt. Und als sie nicht da war, hat niemand auf Boris aufgepaßt. Ivana sagt, das sei Quatsch. Boris hatte einfach die falschen Freunde. Boris war der letzte, der aus dem Elternhaus auszog. Selbst als das Haus längst verkauft war, hatte er ein Zimmer behalten. Danach hat er auf der Straße gelebt. Susanna, Popovićs Tochter, hat ihn schlafend in einer Straßenbahn gefunden. Sie ist Polizistin. Seitdem lebt Boris in einem Heim, er trinkt nicht mehr. Boris ist zurückhaltend, fast still, als einziger außer mir, er hat tiefe Poren im Gesicht, manchmal, so scheint es mir, zittert er auch leicht. Er hat sich feingemacht, die Haare sind naß und gekämmt.

Dann ist da noch mein Vater, der blättert in einer Broschüre, die Branko ihm mitgebracht hat. Es geht um elektrische Heizungen. Mein Vater hat sich gerade eine Wohnung an der Adriaküste gekauft, und im Winter kann es dort ganz schön kalt werden. Er sitzt auf dem Sofa, neben Ivana, dort, wo Ivo früher gesessen hat. Es ist ihm anzusehen, daß er dazugehört, rein äußerlich ist die Ähnlichkeit nicht zu verkennen, besonders mit Ivana, sie haben beide dieses breite, runde Gesicht, ohne Heiz, deswegen ist es auch so schwer, Hemden für ihn zu finden, weil er einfach keinen Hals hat, wie meine Mutter sagt. Er sitzt da, im weißen Unterhemd, seinen Pullover hat er ausgezogen, weil ihm zu warm ist. Seit ich denken kann, trägt er diese weißen Unterhemden mit dem großen Ausschnitt, aber zu Hause trägt er immer etwas drüber, zumindest habe ich ihn in den vergangenen Jahren nicht mehr im Unterhemd gesehen. Früher saß er oft so da, beim Essen, beim Fernsehen, sie waren immer weiß, seine Unterhemden, und wie er da sitzt, im Kreis der Familie, wirkt es, als wäre er nie weggewesen. Auf alten Fotos, die ihn zwischen seinen Geschwistern zeigen, trägt er fast immer ein Unterhemd. Es ist nicht nur ein Ausdruck des Wohlfühlens,

es ist sein Protest gegen die Etikette, er haßt Krawatten, weil sie ihm den Heiz zuschnüren, genauso Hemden, manchmal hat er am Kragen gerissen und dazu ein Geräusch gemacht, das wie Hundeknurren klang. Er zieht auch nur widerwillig die Pumullunder an, die meine Mutter ihm rauslegt, wenn sie eingeladen sind. Ich ziehe ihn dann manchmal auf, Mensch, du hast dich aber feingemacht, und er sagt, deine Mutter, ich hab' damit nichts zu tun. Kaum, daß er in Zagreb ist und meine Mutter nicht dabei, sitzt er wieder, wie früher, im Unterhemd, das so viel bequemer ist als jedes andere Kleidungsstück.

Ich versuche, dem Gespräch zu folgen, mir aus einzelnen Wörtern, die ich verstehe, den Inhalt zu erschließen. Irgendwann fällt das Wort *knjiga*, mein Vater sagt es und schaut kurz in meine Richtung. *Knjiga*, soviel weiß ich, bedeutet Buch. Bestimmt spricht er über das Buch, das ich über ihn schreiben möchte, über ihn und unsere Reise.

Wahrscheinlich zieht er mich wieder auf, wie er es gelegentlich tat, nachdem ich mal sagte, man könne auch mit Bücherschreiben reich werden. Seitdem erzählt er manchmal, mein Sohn glaubt, er sei Hemingway, und spricht von dem Jaguar, den ich ihm als Zwölfjähriger versprochen habe für den Fall, daß ich mal reich und berühmt würde.

Ich habe immer gesagt, er soll was Anständiges lernen. Aber er ist alt genug, er muß wissen, was er tut. Wer weiß, vielleicht wird's ja ein Bestseller. Kann mir aber nicht vorstellen, daß Geschichte von Krüppel jemand interessiert, aber man hat ja schon Pferde kotzen sehen.

Ich habe keine Ahnung, was er sagt – und er macht sich auch nicht die Mühe, es mir zu übersetzen. Ich merke aber, daß die anderen mich ansehen und Popović wieder seine Hand auf meinen Arm legt.

Ivana sagt etwas.

Branko auch.

Sie reden über mich, das ist klar. Nur was?

Boris lacht.

Gordana auch.

Über was redet ihr? frage ich meinen Vater, weil ich mich fühle wie ein Tourist in einer Gruppe Einheimischer.

Ich habe gesagt, du willst ein Buch schreiben. Und Ivana sagt, sie hat noch alte Postkarten.

Was für Postkarten?

Anscheinend habe ich von unterwegs geschrieben, sagt mein Vater.

Ivana steht auf, was weniger kompliziert klingt, als es ist, denn sie drückt sich mit Mühe aus dem Sofa, das mit den Jahren so durchgesessen ist, daß es eine riesige Kuhle bildet. Sie wollte es schon reparieren lassen, aber der Mann, der es sich angesehen hat, sagte, es sei hoffnungslos, das einzige, was er machen könne, sei, einen Nagel von unten reinschlagen, damit sie sich nicht immer auf dieselbe Stelle setze. Ivana öffnet ihren Wohnzimmerschrank und wühlt in einem ungeordneten Stapel aus Briefen, Karten und Fotos. Sie findet neunzehn Postkarten mit comicartigen Motiven, meist sind es zwei Männer beim Angeln. Die Karten sind von meinem Vater und Milan. Ich betrachte die Poststempel. Die Karten wurden zwischen 1958 und 1965 abgeschickt, die erste aus Triest, die letzte aus Martigues. Chronologisch geordnet geben sie Klarheit über den Weg seiner Flucht: Zagreb, Triest, Villafranca di Verona, Martigues.

Ich bin froh über die Karten, auch wenn meine Skepsis mit Beginn unserer Reise nachgelassen hat – schließlich hätte er sich wohl kaum auf die Fahrt eingelassen, wäre seine Geschichte nicht zumindest größtenteils wahr.

Ich erinnere mich, daß er früher, wenn ich den Wahrheitsgehalt seiner Anekdoten in Zweifel zog, stets sagte: Wenn du deinem Vater nicht glaubst, frag meine Schwester.

An was kann sie sich erinnern?

Vorausgesetzt, es stimmt, was mein Vater übersetzt, dann erinnert sich Ivana, daß er schon Wochen, bevor er ging, sagte, er wolle Milan suchen. Alle hätten davon gewußt. Sie kann sich nicht erinnern, daß er davon gesprochen hat, daß ihm das Leben in Jugoslawien nicht gefiel, daß er mit dem Sozialismus nicht klarkam und Träume hatte von einem besseren Leben. Ich will Milan suchen – mehr hat er nicht gesagt. Sie erinnert sich, daß Stojana, Milans Frau, oft von Leuten aus ihrer Fabrik erzählt hatte, die nach Frankreich gegangen waren, weil man dort mehr Geld verdienen konnte. Das war möglicherweise auch der Grund, weshalb Milan die Familie verlassen hatte. Ich war davon ausgegangen, daß er die Familie verlassen hatte, einfach so, über Nacht, Frau und Kind zurückgelassen hatte, deshalb war ich ihm gegenüber, ohne ihn zu kennen, voreingenommen gewesen, aber vielleicht war es ganz anders, vielleicht ist er sogar schweren Herzens gegangen und hat es letztlich nur für sie getan, Frau und Sohn, damit sie ein besseres Leben haben.

Ivana war Jahre später in Paris, daran erinnert sie sich noch, sie war zusammen mit Mišun dort, sie hat ein Paßfoto, das sie in einem Pariser Automaten gemacht hat. Von Mišun gibt es auch ein Foto, offensichtlich im selben Automaten aufgenommen. Damals waren sie von Paris nach Nantes gefah-

ren, wo Milan im Gefängnis saß. Warum, weiß Ivana nicht, nur daß er einen Unfall gehabt haben soll. Zwei Monate sei er im Gefängnis gewesen und hatte versprochen, danach nach Hause zu kommen. Kurz darauf aber verunglückte er mit seinem Motorrad und wurde auf einem Friedhof in Nantes begraben. Unter den vielen alten Fotos finde ich eines, auf dem mein Vater neben einem Holzkreuz steht. Auf der Rückseite steht: 3. 4. 70. Damals war mein Vater dreißig. Den großen Bruder, dem er gefolgt war, hatte er überlebt. Geredet hat er selten über ihn, bis vor kurzem war mir nicht mal bewußt gewesen, daß er einen älteren Bruder gehabt hatte, der in Frankreich ums Leben gekommen ist.

Wann Ivana meinen Vater wiedergesehen hat, möchte ich wissen.

Mein Vater sagt, er sei 1967 zum erstenmal wieder zu Hause in Zagreb gewesen, im Januar, es habe einen fürchterlichen Schneefall gegeben. Er sei mit meiner Mutter zu seinen Eltern gefahren. Und weil er damals den Paß eines Staatenlosen gehabt habe und damit nicht durch Österreich fahren durfte, habe er sich im Kofferraum versteckt, während meine Mutter den Wagen über die Grenze fuhr. Deine Mutter, sagt er, hat gezittert wie Espenlaub.

Frag doch mal Ivana.

Dabei stellt sich heraus, mein Vater hat vergessen, daß Ivana ihn Jahre zuvor in Deutschland besucht hatte. Sie erinnert sich daran, weil sie den Braten nicht vergessen hat. Sie hatten zusammen mit Elke, der ersten Frau meines Vaters, deren Mutter in Cäciliengroden bei Wilhelmshaven besucht. Offenbar hatte Elke ihrer Mutter gesagt, ein Ljubić brauche seine fünf Kilo Fleisch, und die Mutter habe einen gigantischen Braten aufgetischt, der innen allerdings noch rot war. Ivana mußte ihr erklären, daß ein Ljubić zwar ohne weiteres fünf Kilo Fleisch verputze, aber nicht fünf Kilo rotes Fleisch, das würden sie nämlich gar nicht essen.

Meine Verwandten greifen das Stichwort dankbar auf. Es entspinnt sich ein angeregtes Gespräch, das, in der Übersetzung meines Vaters, wie folgt abläuft:

Mein Vater: Hungern mußten wir nie. Zu essen hatten wir immer genug. Vor allem Kartoffelpüree, meistens gab es Kartoffelpüree.

Ivana: Zweimal im Jahr wurde sogar ein Schwein geschlachtet, das weiß ich noch. Und Mutter hat Koteletts angebraten und dann in großen Bottich mit Fett gelegt, wir hatten im Garten unter Apfelbaum einen kleinen Bunker, da hat sie im Winter den Bottich gelagert und dann immer mit Gabel in Fett gepiekt und Koteletts rausgeholt und gebraten.

Mein Vater: Wir hatten alles, selbstgebackenes Brot, im Schuppen hatten wir Mühle, zwei große Steinplatten, die übereinander rieben, da habe ich Getreide gemahlen. Wenn wir feines Mehl brauchten, Mann, war das Plackerei. Im Garten hatten wir Sauerkirschen, Birnen, Pflaumen, Schweine, Pferde, Hühner, Kuh.

Ivana: Ach ja, die Kuh, die war Opas größter Liebling. Ich weiß noch, wie er im Sterben lag, mich festhielt und sagte: Was bist du für ein hübsches Kalb! Muß mich wohl verwechselt haben.

Mein Vater: Schinken haben wir auf dem Dachboden geräuchert, damit Schinken gut schmeckt, durften wir nicht mit Kohle heizen, nur mit Holz.

Boris: Und Vater hat eigenen Slivovitz gebrannt. Das war gute Medizin.

Popović: Ich habe auch wieder sechshundert Liter. Ich habe euch schon ein paar Flaschen beiseite gestellt, die könnt ihr mit nach Deutschland nehmen.

Und dann erzählt mein Vater die Geschichte, die Ende der Sechziger spielt, in der Siedlung, in der meine Mutter aufgewachsen ist, eine beschauliche Siedlung am Rande von Bremen, lauter Doppelhaushälften, die nach dem Krieg gebaut wurden, große Gärten, gepflegte Gärten, in einem dieser Häuser lebten die Eltern meiner Mutter, die Spaukes, die nach dem Krieg aus Schlesien geflohen waren, ein Haus weiter die Thiels, die aus Litauen geflohen waren, ein Haus weiter die Kruses, deren Tochter Hella den Bruder meiner Mutter geheiratet hat und die sich den Dachboden der Eltern ausgebaut hatten und mit ihnen zusammen in der linken Hälfte des Doppelhauses wohnten, die rechte Hälfte gehörte den Göbberds. Und dann eines Tages beschwerte sich Hella bei den Göbberds über die vielen Fruchtfliegen, die ihre Dachwohnung bevölkerten, aber keiner sagte ihr, daß mein Vater bei den Göbberds Pflaumen in der Badewanne gären ließ. Drei Wochen lang faulten sie vor sich hin, dann brachte er von der Lufthansa ein Kupferrohr mit, schnitt ein Loch in den Deckel des elektrischen Einwegtopfs und montierte das Kupferrohr, durch das der Dampf ziehen sollte. Der Topf wurde nicht heiß genug, der Slivovitz dafür um so stärker. Mein Vater sagt, mit dem Slivovitz, Junge, ist das so: Je schwächer die Hitze, desto stärker der Slivovitz. Die ganze Badewanne brachte nur fünf Liter, und von einem Liter waren schon alle besoffen. Der hatte bestimmt neunzig Prozent, ein Wunder, daß wir noch sehen können.

Popović lacht.

Wollt ihr einen Kleinen? fragt Ivana.

Ach, so einen Kleinen, warum nicht …

Ich stelle mir vor, wie er damals die Doppelhaushälfte zur Destillerie umfunktionierte, der verrückte Jugo, der den Deutschen mal zeigte, wie richtiger Schnaps schmeckt. In dieser kleinbürgerlichen Idylle mit den gemähten Rasen und gestutzten Hecken fing er an, Schnaps zu brennen. Er war für jeden Scheiß zu haben, wie er selbst oft sagt, und das brachte ihm Freunde. Man könnte sich auch das Gegenteil vorstellen, daß sich der Ausländer, der anfängt, Schnaps zu brennen oder den Fernseher zu laut laufen hat, ausgrenzt, daß die Nachbarn gegen ihn Vorbehalte haben, und vielleicht wäre es auch passiert, wenn mein Vater regelmäßig Slivovitz gebrannt hätte oder den ganzen Tag jugoslawische Volksweisen gehört hätte, statt dessen aber ist er dem Kegelverein beigetreten, mit dem er heute noch Silvester feiert, wie die anderen grölt er »Herzilein, du mußt nicht traurig sein« mit, er hat sich sogar eine dieser Doppelhaushälften gekauft und lebt seit siebzehn Jahren gegenüber von Göbberds.

Mein Vater sagt, Ivana hat noch Schnitzel gemacht. Du mußt was essen, Ivana sagt, du siehst ganz krank aus. Sie glaubt, du kriegst nicht genug zu essen zu Hause.

Ivana geht in die Küche und kommt mit einem Berg panierter Schnitzel wieder.

Meine Schwester hat sie nicht alle, sagt mein Vater und greift sich ein Schnitzel.

Und dann stellt Gordana die Frage, die ich ihm auch schon gestellt habe, indirekt zumindest, wenn das Thema auf Flüchtlinge kam, auf Menschen, die nach Deutschland kommen, mit der Hoffnung auf ein besseres Leben, und mein Vater sagte, wir können doch nicht jeden aufnehmen, wir nehmen doch eh schon mehr auf als alle anderen, dann sagte ich: Du warst doch auch ein Wirtschaftsflüchtling, dir ging es doch auch um das bessere Leben. Und er sagte jedesmal, Junge, ich bin aus dem Sozialismus geflohen, hast du schon mal von Tito gehört?

Ich verstehe die Worte *politički* und *ekonomski* und reime mir die Frage, die Gordana stellt, zusammen.

Mein Vater grinst, es ist fast schon ein leises Lachen, zumindest der Ansatz davon, weil er sich im nächsten Moment wieder beherrscht und versucht, seiner Stimme eine Ernsthaftigkeit zu geben.

Er sagt etwas.

Ich frage ihn, was er gesagt hat

Und er sagt: Wir hatten Sozialismus. Gordana weiß, wie das war. Sie hat ihn selbst erlebt.

Später bringen wir Gordana nach Hause. Sie lebt außerhalb von Zagreb. Wir fahren Richtung Flughafen, biegen von der Schnellstraße ab und folgen betonierten Wegen, die einsam durch die Natur führen. Wir kommen durch ein paar Neubausiedlungen, die Häuser sehen zum Großteil unfertig aus, rote Backsteine, größtenteils unverputzt. Wir fahren, bis ich jegliche Orientierung verliere. Vor einem dieser unfertigen Häuser läßt uns Gordana halten. Wir steigen aus. Es ist die Hälfte eines Doppelhauses, schmal, dreistöckig, eine kleine betonierte Einfahrt, dahinter ein verwilderter Garten und eine Art Garage, die einer Bauruine gleicht. Der Hund kläfft. Er liegt angekettet im Vorhof. Wir folgen Gordana ins Haus. Der Flur ist dunkel und fensterlos, eine enge, steile Treppe führt ins obere Stockwerk. Auf dem Weg ist uns Josip, ihr Mann, mit seinem Lieferwagen entgegengekommen. Er liefert Zeitungen aus, fährt abends aus Zagreb los, dreihundert Kilometer nach Zadar und Karlovac und kommt morgens wieder nach Hause. Sie haben zwei Söhne, Dejan und Mario. Von Dejan hatte ich gehört, weil er mal in Frankfurt war, um dort vorzuspielen. Er wollte Fußball-Profi werden, verletzte sich aber vor dem Training und hat mittlerweile die Hoffnung aufgegeben. Gordana erzählt, daß Mario zurzeit als Croupier auf einem Kreuzfahrtschiff vor der amerikanischen Westküste arbeitet. Er hat vor kurzem angerufen und gesagt, daß nichts los sei im Casino, weil ein Priesterseminar an Bord stattfinde. Ich habe den Eindruck, die halbe Familie ist am Glücksspiel beteiligt: Neben Mario haben sich schon Mišun und Josip im Casino versucht.

Gordana führt uns in die kleine Küche, wir müssen den Tisch von der Wand abrücken, damit wir alle Platz haben. Durch das Fenster haben wir einen Blick auf den Hinterhof und auf weitere unfertige Häuser. Kaum, daß wir sitzen, läutet das Telefon. Gordana nimmt ab. Hinterher sagt mein Vater, daß es Josip war. Er sei besorgt gewesen, Gordana würde uns nicht genug zu essen anbieten.

Dabei hat sie schon Käse, Salami, Speck und Brot geschnitten und fragt, ob wir noch Palatschinken möchten.

Junge, iß! sagt mein Vater.

Ich habe keinen Hunger, sage ich.

Gordana hat extra was zu essen gemacht.

Ja, aber ich habe keinen Hunger.

Er hat keinen Hunger, sagt mein Vater, *on neće jest.*

Gordana sagt, du sollst mal den Käse probieren, der ist selbst gemacht.

Ich habe keinen Hunger, sage ich.

Mein Vater schüttelt den Kopf. Ich frage mich, sagt er, was du schreiben willst, wenn wir den ganzen Tag nur essen.

Gordana zeigt mir noch ein Foto von Dejan und Mario. Zwei Männer, Anfang Zwanzig, die ich noch nie gesehen habe. Wir hätten uns in Zagreb über den Weg laufen können und hätten nicht mal gewußt, daß wir miteinander verwandt sind. Was wissen sie über mich? Daß ich der Sohn von Drago bin, daß ich in Berlin lebe und Journalist bin? Ihr Bild von mir ist durch meinen Vater geprägt, genauso wie mein Bild von ihnen. Mein Vater hat eine Art über mich zu reden, die meist mit einem Schulterklopfen und den Worten: ist schon ein guter Junge, ich kann nicht klagen, endet. Vorhin bei Ivana schaute er mich an, nachdem er etwas gesagt hatte. Was ich verstanden habe: *dobar dečko*, guter Junge. Was er davor gesagt habe, fragte ich ihn, und er sagte: daß du vernünftig bist. Dazu die alten Fotos von mir mit Fönfrisur – ich kann verstehen, daß sie sich ihrerseits nie bei mir gemeldet haben.

Auf der Rückfahrt verfahren wir uns. Mittlerweile liegt alles im Dunkeln, die Straßen und Häuser, eine Beleuchtung gibt es nicht. Wir kommen an einem Café vorbei, einige Jugendliche stehen vor einem Flipper, zwei Mädchen sitzen auf Plastikstühlen am einzigen Tisch. Wir halten, mein Vater fragt, wo es nach Zagreb geht. Sie zeigen uns den Weg. Wir verfahren uns noch zweimal, dann sind wir wieder auf der Schnellstraße.

Früher, erzählt mein Vater, waren alle neidisch, wenn ich sagte, ich lebe in Westdeutschland. Da wollten alle hin, aber früher wurde in Deutschland auch noch gearbeitet. Nicht so wie heute. Das Land geht langsam zugrunde. Heute lockst du mit Deutschland niemand hinterm Ofen vor. Vater Staat ist pleite, und arbeiten will auch niemand mehr. Deutschland ist zu sozial. Wenn Vater Staat sich um alles kümmert, werden die Menschen faul. Guck mal, habe auch immer Arbeit gefunden und konnte nicht mal Sprache. Wie kann sein, in Kroatien steigen die Renten und bei uns nicht? Ivana kriegt jedes Jahr mehr Rente. Bei uns wird von Jahr zu Jahr weniger.

Wir sitzen in der Tram, mein Vater gerät zunehmend in Rage, und ich schaue aus dem Fenster auf die Plattenbauten, an denen wir auf dem Weg in die Stadt vorbeikommen. Ich habe gelernt, ihn reden zu lassen. Wenn ich mal widersprochen habe, wurde er laut, wobei er sich stets auf die Lautstärke seines Organs verlassen konnte, ich hatte immer dasselbe Bild im Kopf: vom Vögelchen, das aus dem Nest fällt und vom Dreißigtonner überrollt wird. Er ist immun gegen jeden Versuch, ihn zu überzeugen. Manchmal kommt mir der Gedanke, daß unsere unterschiedlichen Ansichten gar nicht der Grund sind für den Streit, daß es vielmehr die natürliche Spannung zwischen Vater und Sohn ist, die sich zwischen uns in politischen Diskussionen entlädt, weil wir uns sonst nie wirklich gestritten haben. Was vor allem an mir lag, ich habe es nie soweit kommen lassen.

Es hätte vieles gegeben, das ich, statt aus dem Fenster zu schauen, hätte sagen können: daß die meisten Menschen arbeiten wollten, aber keine Arbeit fänden, daß die meisten Menschen nicht faul seien, sondern resigniert hätten, und daß der Sozialstaat kein Hemmnis, sondern eine Errungenschaft sei, aber seine Erwiderung wäre vorhersehbar gewesen: wer wirklich arbeiten wolle, der finde auch was, man müsse sich auch mal die Hände dreckig machen, und wie könne es sein, daß Menschen, die nicht arbeiteten, mehr Geld vom Staat bekämen als andere, die arbeiteten, Lohn? Das seien Ausnahmen, hätte ich ihm geantwortet, und man solle nicht den Fehler machen, von diesen auf alle zu schließen, und er hätte gesagt, neulich im Fernsehen, da sei so ein junger Mann gewesen mit lauter Ringen im Gesicht und bunten Haaren, der habe gefragt, warum er einen Finger krumm machen solle, wenn er auch ohne zu arbeiten alles habe, was er brauche, und dem hätte ich entgegnet, er solle nicht alles glauben, was er im Fernsehen sehe, und überhaupt seien diese ganzen Talksendungen am Nachmittag nichts anderes als Menschenverdummung, und am Ende dann hätten wir einfach das Thema gewechselt, ich hätte vielleicht gefragt, wie viele Stationen wir noch vor uns hätten, und er hätte gesagt, drei – und wir hätten längst vergessen, was der Auslöser gewesen wäre für die Auseinandersetzung. Als wir in die Tram gestiegen waren und uns auf zwei der freien Plätze gesetzt hatten, hatte er gesagt: Das ist ein Land! Hier dürfen Leute über sechzig umsonst mit der Tram fahren. Hier haben sie noch Respekt vor Rentnern.

Am Jelačić-Platz steigen wir aus. Inmitten des Platzes steht ein Denkmal: ein Mann auf einem Pferd. Josip Jelačić. Ein Feldherr und kroatischer Nationalheld, der die Ungarn aus dem Land gejagt habe, wie mein Vater mir erklärt. Unter Tito, sagt er, war es der Platz der Republik. Das war die Zeit, als mein Vater hier mit der 600er BMW seines Chefs vorgefahren war und die Mädchen abgeschleppt hat.

Die vielen Straßencafés sind gut gefüllt, in den kleinen Gassen der Altstadt, die vom Platz aus ansteigen, herrscht ein Treiben wie auf einem Bazar. Von der Altstadt hat meine

Mutter geschwärmt, wie schön sie alles gemacht hätten, wie neu. Du wirst die Innenstadt nicht wiedererkennen, sagte sie. Und hatte recht. Ich bin in einer fremden Stadt. Nichts kommt mir bekannt vor. Weder die Kathedrale noch die alte Zahnradbahn. Das einzige, was diese Stadt von all den anderen unterscheidet, die ich als Tourist besucht habe: Ich weiß, daß ich hier geboren wurde.

Wir spazieren durch die Gassen, durch die Oberstadt mit dem Markusplatz, an der Kirche Sveti Marko vorbei, wir setzen uns in ein Café, ich trinke Saft, mein Vater ein Bier und gehen dann weiter, über den Nikole-Zrinskog-Platz vorbei in die Dordiceva-Straße. Über der Nummer dreiundzwanzig hängt ein Schild: Auto Elektro Gluhak. Es ist die Werkstatt, in der mein Vater gelernt hat. Jeden Morgen ist er hierhergekommen, mit der Tram hat er zwanzig Minuten gebraucht, und wenn er sie verpaßt hat, ist er gerannt. Um sieben Uhr war Arbeitsbeginn, nachmittags um zwei fing die Berufsschule an. Mein Vater war vierzehn, als er die Lehre begann, damals war er Gluhaks einziger Lehrling. Eigentlich hatte mein Vater Arzt werden wollen. Wie oft hat er davon gesprochen! Daß er Frauenarzt werden wollte, sagte er, weil es doch für jeden Mann ein Traum sei, nackte Frauen zu sehen. Schon in der Schule, erzählt er, wenn wir Theater gespielt haben, wollte ich immer der Doktor sein. Wenn der Vater nicht so arm gewesen wäre, hätte er jetzt seine eigene Praxis. Was für eine seltsame Vorstellung: mein Vater im weißen Kittel mit einer Sprechstundenhilfe, hinter einem Schreibtisch sitzend, es ist schwer vorstellbar, aber wahrscheinlich ist es für einen Sohn immer schwer vorstellbar, daß der Vater anders sein könnte als das Bild, das man von ihm hat. Deshalb sehe ich auch nur seinen Vornamen, wo er Dr. schreibt. Dr. Ljubić. Das läßt er sich nicht nehmen. Wo immer er die Gelegenheit hat, seinen Namen abzukürzen, tut er dies mit Dr. Ljubić. Sein Vorname macht es möglich. Daß aus ihm nie ein Arzt wurde, lag auch an Ivana, so zumindest erzählt es mein Vater. Sie hatte als einzige der sechs Kinder die höhere Schule besucht und dann abgebrochen, weil sie keine Lust mehr hatte. Sie ist in eine Metallfabrik gegangen, wo sie Ivo wiedertraf, den Jungen aus der Nachbarschaft, der bei den Soldaten war. Ein Jahr später heirateten sie. Daß sie die Schule abgebrochen hat, darüber waren die Eltern so verärgert, daß sie beschlossen, Ivana sei das einzige und letzte der Kinder, das die höhere Schule besuchen durfte. Mein Vater hatte keine Wahl, er fing nach Abschluß der Schule als Lehrling bei Eduard Gluhak an.

Auto Elektro Gluhak. Die Einfahrt endet in einer Art geschlossener Sackgasse, es ist düster, wie in einer Garage, am Ende steht ein Auto mit offener Motorhaube unter einem Neonlicht. Ein Mann schaut hinter der Motorhaube hervor, als er unsere Schritte hört. Mein Vater fragt nach dem alten Gluhak. Der Mann schaut meinen Vater an und sagt etwas. Mein Vater übersetzt. Der alte Gluhak lebt noch, ist im Altenheim. Zweiundneunzig Jahre alt. Und bis vor kurzem im Kopf noch klar, erst vor ein paar Jahren ist vergeßlich geworden. Die Werkstatt hat Mladen übernommen, sein Sohn. Aber Mladen ist mit der Familie übers verlängerte Wochenende ans Meer gefahren. Ob wir uns mal umschauen dürfen? frage ich. Mein Vater übersetzt, und der Mann nickt. Die Werkstatt hat niedrige Decken, an den Wänden hängen jede Menge Werkzeuge, und auf einem Schrank stehen unzählige Blechpokale von der gleichen Form wie die, die mein Vater jahrelang im Keller auf einem Regal hinter der Bar stehen hatte. Es war der alte Gluhak, der meinen Vater zum Motorradrennen brachte, anfangs saß mein Vater im Beiwagen, später fuhr er selbst. Auch Mladen, Gluhaks Sohn, ist zeitlebens Rennen gefahren.

Alles ist wie früher, sagt mein Vater, sogar Uhr hängt noch da, wo sie immer hing. Ich habe sie immer zehn Minuten vorgestellt, damit ich früher nach Hause konnte. Aber den alten Gluhak konntest du nicht verscheißern.

Bei Gluhak lernte er Magnetspulen zu wickeln. Was, wie er mir erklärt, eine komplizierte Arbeit ist. Erst kommt der dicke Kupferdraht, ein Millimeter, davon muß man acht Reihen wickeln und unter jede Lage Isoliermaterial legen, dann folgen vierzig Wicklungen mit dem dünnen Draht, 0,08 Millimeter, wenn er gerissen ist, mußte er von vorn beginnen. Man brauchte trockene Hände, weil Schweiß den dünnen Draht oxidieren ließ. Sie waren damals in Zagreb die einzigen, die Magnetspulen wickelten. Und sie konnten sich vor Kundschaft kaum retten. All die Bauern aus dem Umland mit ihren Landmaschinen, die zur Erntezeit ihre kaputten Magnetspulen vorbeibrachten und nicht selten vor der Werkstatt warteten, bis mein Vater sie gewickelt hatte.

Die Federn für die Kontakte hat er aus alten Grammophonfedern gemacht. Wir haben aus Scheiß Rosinen gemacht, sagt er. Damals gab es kaum Ersatzteile, nicht so wie heute, wo du am Auto nichts mehr machen kannst, weil alles elektronisch funktioniert. Was Autos angeht, macht meinem Vater niemand etwas vor. Wie oft habe ich ihn als Kind begleitet, wenn er das Auto in die Werkstatt brachte und die Mechaniker ihm erklären wollten, warum er für viel Geld ein Ersatzteil brauchte und mein Vater sie anschaute, die Augenbrauen hob, wie er es immer macht, wenn er glaubt, jemand halte ihn zum Narren, und sagte, das ist doch Kokolores, und das Auto dann selbst reparierte für einen Bruchteil des Preises.

Mein Vater sagt: Gluhak sei wie ein Vater für ihn gewesen. Er sei oft nach Österreich gefahren und habe ihm Kleider mitgebracht, mal einen Anzug oder ein neues Hemd. Und er habe ihm seine 600er BMW überlassen, mein Vater durfte das Motorrad nach der Arbeit mitnehmen, und meistens ist er damit zum Jelačić-Platz gefahren, wo sich damals die jungen Leute getroffen hätten. Mit Motorrad war ich König, sagt er, ich konnte mir Mädchen aussuchen. Wir sind dann den Sljeme hochgefahren, dort gab es einen Friedhof. Und da hatten wir unsere Ruhe.

Allerdings mußte er um acht Uhr wieder zu Hause sein. Im Sommer um neun. Meine Großmutter war sehr streng. Er durfte nach der Berufsschule nicht ins Kino, weil die Vorstellung bis kurz nach acht ging. Als er das seiner Lehrerin erzählte, gab sie ihm manchmal eine Stunde früher frei, weil er, wie er sagt, Klassenbester war.

Damit hat er mich meine ganze Schulzeit lang konfrontiert, daß er derjenige war, der nur Fünfen im Zeugnis hatte, die Fünf war in Jugoslawien die beste Note. Bis zur siebten Klasse konnte ich mithalten, hatte nur Einsen und Zweien, aber selbst das schien in seinen Augen noch steigerungsfähig, schließlich hatte er nur Fünfen ohne Vieren. Ab der siebten Klasse fiel meine Leistung ab, die ersten Dreien verunstalteten mein Zeugnis, in der achten Klasse sogar eine Vier, was dazu führte, daß mein Vater eine Woche lang alle Einladungen absagte, weil er sich zu sehr schämte als Vater eines Sohnes, der eine Vier in Mathe hatte.

Ich habe nie verstanden, warum er mich so triezte, warum er Noten eine solche Bedeutung gab, ein Ljubić hat gut in der Schule zu sein, das war so unumstößlich wie ein Naturgesetz – und wenn er es nicht war, dann konnte es nur an seiner Faulheit liegen. Andere Gründe gab es für ihn nicht. Mittlerweile glaube ich zu verstehen, warum er so streng war, was auch an dieser kleinen, schummrigen Werkstatt liegt, in der mein Vater auch nach vierzig Jahren noch so selbstverständlich den Weg zur Toilette findet. Er hatte nie hierhergewollt, und doch war dieser Ort der Anfang. Ohne das, was er hier gelernt hat, hätte er sich später in Deutschland nicht gegen dreiunddreißig andere Bewerber durchgesetzt, die sich wie er bei der Lufthansa beworben hatten, obwohl er der einzige war, der kaum Deutsch sprach und als einziger nach der praktischen Prüfung nach Hause ging, weil er angesichts seiner Sprachkenntnisse vor dem theoretischen Teil kapitulierte. Wenn man meinen Vater fragt, warum er im Leben erreicht hat, was er erreicht hat, dann sagt er: Ich bin immer gern zur Arbeit gegangen, war immer pünktlich und wollte weiterkommen. Er hatte nie die Möglichkeit, eine höhere Schule zu besuchen, es ist immer ein Makel geblieben. Er hat oft gesagt: Es sind die kleinen Leute, die mit den Händen arbeiten, es ist besser, mit dem Kopf zu arbeiten. Deswegen ist die Schule so wichtig. Du sollst es mal besser haben als ich. Das erklärt auch, warum er immer darauf geachtet hat, saubere Hände zu haben, keinen Dreck unter den Nägeln. Schlechte Noten waren für ihn nicht nur Ausdruck einer Respektlosigkeit Menschen wie ihm gegenüber, sondern auch eine Form der Undankbarkeit; genauso wenig wie man Essen wegwarf, durfte man schlechte Noten schreiben.

Ich habe nie Zeugnisse von ihm gesehen, aber er scheint wirklich Klassenbester gewesen zu sein. Ivana hatte noch ein Buch im Schrank mit einer Widmung des Schulausschusses: Für Drago, den Tüchtigen. Trotzdem mußte er in dieser Werkstatt arbeiten und Magnetspulen wickeln. Was soll's, sagt er, wenn man ihn fragt, es war trotzdem eine gute Zeit.

Auf die Idee, abzuhauen und das bessere Leben woanders zu suchen, brachte ihn ein Kunde von Gluhak, ein Italiener. Er kam regelmäßig, aber es ging um anderes als die Reparatur seines Autos. Was er mit Gluhak zu schaffen hatte, hat mein Vater nie erfahren. Boris, der nach meinem Vater bei Gluhak gelernt hat, erzählte, daß dieser Italiener auch noch gekommen sei, als mein Vater längst weg war. Er glaubte, er habe etwas mit Pelzen zu tun gehabt. Eines Tages sei er mit einem Maserati gekommen, und sie hätten nicht mal gewußt, wie man die Haube öffne, weil sie so einen Wagen noch nie zuvor gesehen hätten. Der Italiener war es, der meinen Vater fragte, ob er schon mal daran gedacht habe abzuhauen. Er könne ihm die Adresse eines Freundes in Italien geben, der ihm helfen werde. Das war noch bevor Milan das Land verließ.

Wir lassen uns die Telefonnummer von Mladen geben und verabschieden uns. Es war das erste Mal seit vierzig Jahren, daß mein Vater wieder in der Werkstatt war, in der er gelernt hat. Ich hatte nicht das Gefühl, daß er aufgeregt war, ich kann mich nicht erinnern, daß mein Vater je aufgeregt war; der Besuch hat zehn Minuten gedauert, dann sagte er: Gehen wir? Menschen, denen ich von der Reise mit meinen Vater erzählt habe, sagten, das müsse ja ganz schön emotional sein für ihn, all die Orte von früher wiederzusehen. Mein Vater scheint gänzlich ungerührt, äußerlich zumindest. Ob er aufgeregt sei, habe ich auf der Fahrt nach Zagreb gefragt, und er antwortete: Warum sollte ich?

Manchmal glaube ich, in der Art, wie er fremden Menschen begegnet, könnte ich einen Hauch Unsicherheit festmachen, vielleicht sogar Nervosität. Er ist äußerst höflich, fast zurückhaltend, so wie ich ihn sonst nicht kenne, es scheint, als habe er Sorge, er könnte sein Gegenüber belästigen, auch hier in der Werkstatt war es so, daß er mir nach wenigen Minuten einen Blick zuwarf, der sagte: Wollen wir? Auf dem Weg zu Ivana bitte ich ihn, Mladen anzurufen und nach dem Italiener zu fragen. Das anschließende Gespräch dauert keine zwei Minuten. Er sagt: Der heißte Kaneluti.

Kaum daß wir in Ivanas Wohnzimmer Platz genommen haben, Ivana uns etwas zu trinken auf den Tisch gestellt hat, mein Vater gerade zu erzählen anfing vom alten Gluhak und ihm dessen Vorname nicht mehr in den Sinn kam, E –, E –, E –, sieht er mich an, mit einem Blick, der sich immer weiter entfernt, immer leerer wird, E –, E –, E – er sieht mich an, ohne mich zu sehen, und sagt, Junge, du weißt, ich bin für dich da und sackt dann in sich zusammen. Er verliert sein Bewußtsein, zwei, vielleicht drei Sekunden ist er weg, eine Ewigkeit. Ich weiß nicht, was ich tun soll, lege meine Hände auf seine Stirn, rufe Papa, Papa, Ivana massiert ihm den Nacken, holt ein feuchtes Handtuch. Dann kommt er wieder zu sich. Als mein Vater wieder ansprechbar ist, sagt Ivana etwas zu ihm. Ich schaue ihn fragend an. Er sagt: Sie glaubt, ich werde alt.

Wir legen ihn ins Bett. Vier Stunden zu Fuß durch die Stadt, in der Mittagssonne, kein Essen, aber ein Bier im Magen, das war bestimmt zu viel für ihn. Ich hatte keinen Moment darüber nachgedacht, ich habe ihn strapaziert, als wäre er noch der Grizzly von früher, zum ersten Mal habe ich Angst vor der weiteren Reise, Angst, er könnte sie nicht durchstehen. Es ist erst der dritte Tag. Was ist, wenn ihm das noch mal passiert? Im Auto? Auf der Fähre? Wir hätten vielleicht doch meine Mutter mitnehmen sollen. Vielleicht ist es zu spät, vielleicht hätten wir diese Reise vor zehn Jahren machen müssen, warum nehmen Kinder nicht wahr, daß ihre Eltern älter und schwächer werden?

Er schläft zwanzig Minuten, dann macht er die Augen auf, liegt im Bett und starrt an die Decke.

Wollen wir nach Hause? frage ich.

Nein, sagt er, warum?

In dieser Nacht schlafe ich schlecht. Die Hitze läßt auch nachts nicht nach, es ist, als staue sich die Luft im Zimmer. Mein Vater liegt neben mir, in seiner typischen Schlafhaltung, auf der Seite, eine Hand unter dem zerknautschten Kissen, den Rücken mir zugewandt. An sein Atmen muß ich mich erst gewöhnen, ein Apparat unterstützt seine Züge, er trägt eine Maske, die er sich beim Zubettgehen aufs Gesicht geschnallt hat, das Geräusch erinnert an das Aufpumpen einer Luftmatratze, wenn nach dem Tritt auf den Blasebalg der Luftstrom durch den Schlauch ins Innere der Matratze fließt. Im Schlaflabor hat man herausgefunden, daß sein

Gehirn nachts zu wenig Sauerstoff bekommt, seitdem geht er nicht mehr ohne seine Pussarette, wie er sie nennt, ins Bett. Morgens ist sein Gesicht etwas zerknautscht vom Druck der Gummibänder. Manchmal ist der Rhythmus gestört, eine kurze Synkope, die mich jedesmal wieder erschrecken läßt, manchmal ist es eine Sekunde oder mehr, die sein Atmen unterbrochen ist, und ich höre dieses schrille Piepen, das die Schwester alarmiert, sie eilt ins Zimmer, ich sehe, wie sie ihn anschaut, dann mich, wie sie auf den Knopf eines der vielen Geräte drückt, nickt und wortlos den Raum verläßt.

Mir war nicht bewußt, wie tief diese Sekunde sitzt. Dreizehn Jahre lang habe ich die Angst vor ihr in mir gehabt und wußte es nicht. Und dann liege ich neben ihm und höre ihn im Schlaf atmen, nach all den Jahren das erste Mal, und auf einmal ist sie wieder gegenwärtig, die Angst, mit all ihren Erinnerungen.

Ich liege wach bis in die Morgenstunden, die Bilder sind wieder da, von ihm auf der Intensivstation, sein stiller Körper, das Zucken der Augenlider, das Laken, das kurz unterhalb seiner Brust endet und nie verrutscht. Draußen verfärbt sich der Himmel, die erste Tram nimmt ihren Betrieb auf, ich höre sie in der Entfernung, höre ihre schweren Räder über die Gleisnähte holpern, die ersten Autos, irgendwo fällt eine Tür zu, dann endlich schlafe ich ein.

Mein Vater ist vor mir wach, ich höre ihn im Wohnzimmer, er unterhält sich mit Ivana, der Fernseher läuft. Als ich geduscht und angezogen ins Wohnzimmer komme, steht längst das Frühstück auf dem Tisch. Hausschlachtene Wurst, Schinken, Käse, Brot, Gurken, Paprika.

Mein Vater fragt: Hast du gesoffen? Du siehst aus wie ausgekotzt.

Nach dem Frühstück fahren wir nach Trešnjevka, mein Vater ist in Trešnjevka geboren und groß geworden, in der

Udbinska Ulica, Haus Nummer zwanzig. Eigentlich dürfte das Haus nicht mehr stehen. Als die Save über die Ufer trat und die Stadt überschwemmte, stand das Haus unter Wasser. Drei Tage lang saßen Ana, meine Großmutter, und Antun, mein Großvater, auf dem Dach. Das war im Oktober 1964. Mein Vater war zu der Zeit schon in Deutschland. Als die Flut zurückwich, kamen Männer von der Stadtverwaltung und malten ein rotes Kreuz an das Haus, das Zeichen, daß es abgerissen werden mußte. Bis unters Dach hatte die Save gestanden und das Gemäuer beschädigt. Seit diesen Tagen auf dem Dach, erzählt mein Vater, hatte meine Großmutter Schmerzen im Hüftgelenk.

In meiner Erinnerung sehe ich meine Großmutter immer von hinten, am Herd stehend, die Fußgelenke leicht eingeknickt, ihr massiger Körper, die Haare ergraut und zum Dutt gebunden. Sie hat ihr Haus so gut wie nie verlassen, daß sie einen Klumpfuß hatte und ein Bein kürzer war, wußte ich nicht. Sie ging immer nur bis zur Pforte, die auf die Straße führte, mein Großvater ging zum Schuster, auf den Markt, kaufte ein. Wie hübsch meine Großmutter in jungen Jahren war, entdecke ich auf einem Foto, das ich bei Ivana finde. Auch von meinem Vater finde ich ein Bild und bin erstaunt, was für ein verwegener junger Mann er war. Es ist ein Bild

von 1957, da war er siebzehn, die Zeit, als er Rennen fuhr, ein Jahr, bevor er sich auf den Weg machte. Das Bild erst gibt mir eine Vorstellung von dem Mann, dem diese abenteuerliche Geschichte bevorstand; ich versuche mir dieses Gesicht vorzustellen, wenn ich an ihn denke, wie er im Lastwagen durch Italien fuhr und später zu Fuß über die Grenze ging, wenn ich an ihn denke, der eine Affäre hatte mit einer schönen Französin und jeden Morgen mit ihr im Auto nach Marseille fuhr. Es fällt mir leichter, die Geschichten mit dem verwegenen Mann vom Foto in Verbindung zu bringen als mit dem Mann, der neben mir im Schatten steht und mit seinem Stock auf das Haus vor uns zeigt, das Haus, in dem er aufgewachsen ist.

Die Gardinen sind zugezogen, der kleine Hof liegt im Schatten, vor der Haustür steht ein Paar Schuhe, wir läuten, aber niemand kommt, um das Tor zu öffnen. Nach dem Hochwasser wurde die Straße erhöht, so daß das Haus seitdem im Souterrain liegt. In den Zimmern war es immer schummrig, wenn ich versuche, ein Bild für das Licht zu finden, für die Atmosphäre in diesem kleinen Haus, muß ich daran denken, wie es ist, wenn man nachmittags einschläft

und nach einem zu langen Schlaf etwas benommen aufwacht, während es allmählich Abend geworden ist und die Konturen der Möbel langsam verschwimmen.

Die Nummer zwanzig ist eines von drei alten Häusern, die dem Abriß entgangen sind. Es paßt nicht mehr ins Bild der Straße. Früher, als noch keines der Häuser in der Udbinska mehr als ein Stockwerk hatte, fiel nicht auf, wie klein es

eigentlich war. Mittlerweile aber liegt es im Schatten des dreistöckigen Nachbarhauses.

Wir gehen um das Haus herum, blicken von hinten in den Garten. Wo früher alles so dicht bewachsen war, mit Bäumen und Sträuchern, ein Garten, in den ich mich kaum traute, fast wildwüchsig, ist nicht mehr geblieben als eine Wiese mit Gänseblümchen.

Das Haus, so erfahre ich, hatte den Eltern meiner Großmutter gehört, Oma und Opa Kunstović, sie waren 1918 aus einem Dorf namens Vinagora nach Zagreb gekommen. Mein Urgroßvater hat als Dreher in einem jüdischen Betrieb gearbeitet. Ivana erinnerte sich, daß er sagte, nirgendwo sei es ihm so gut gegangen wie bei seinem jüdischen Chef. 1921 bauten sie das Haus. Der Grundriß ist derselbe geblieben. Das eigentliche Haus, drei schmale Zimmer, im mittleren die Küche, links daneben das Schlafzimmer meiner Großeltern und rechts das Kinderzimmer. Durch einen kleinen Hof getrennt ein schmales Nebengebäude mit zwei Zimmern, in dem die Eltern meiner Großmutter wohnten, daneben schloß sich der Stall an. Mein Vater hat die Tiere jeden Tag zum Grasen gebracht. Es gab kein fließendes Wasser, nur eine Pumpe im Garten, mit Karbidlampen machten sie Licht, Strom bekamen sie erst in den fünfziger Jahren. Die Toilette war ein Plumpsklo im Garten, noch heute nennen sie es *poljski zahod*, polnisches Klo. Später frage ich meine Mutter, wie sie ihren ersten Besuch hier empfunden hat, damals, 1967, als mein Vater sie seinen Eltern vorstellte. Arm, sagt sie, das waren ärmliche Verhältnisse. Dabei war sie selbst nicht gerade verwöhnt. Ihre Eltern waren Flüchtlinge, und sie lebten zu sechst in der kleinen Doppelhaushälfte, in der meine Tante heute noch wohnt.

Daß sie immer draußen saßen, am Tisch in der weinumrankten Laube, daß dort gekocht und gegessen wurde und sich das Leben im Freien abspielte, auch das ist meiner Mutter im Gedächtnis geblieben. Sie waren noch nicht verheiratet, als meine Mutter seine Familie besuchte, ohne ihn, er mußte arbeiten. Sie fuhr mit dem Zug nach Zagreb, wohnte bei seinen Eltern. Meine Großmutter hat ihr jeden Morgen Wasser heiß gemacht, damit sie sich waschen konnte, während die Familie sich draußen im Garten unter der Plumpe wusch. Immer stand Essen auf dem Tisch, Speck und Käse

und Slivovitz, morgens schon kochte die Mutter einen riesigen Topf Suppe, der den ganzen Tag auf dem Herd neben der Platte stand. Wer Hunger hatte, zog den Topf einfach auf die Platte und machte sich die Suppe heiß.

Sie lebten zu acht in dem Haus, später als Ivana heiratete, zog auch Ivo mit ein. Im Kinderzimmer schliefen sie zu viert, zwei Mädchen und zwei Jungs, mein Vater teilte sich mit Boris ein Bett. Ivana brachte Branko und Gordana in diesem Haus zur Welt. So wie zuvor auch schon die Mutter alle ihre Kinder im Haus zur Welt gebracht hatte. Alle, außer Boris, er ist der einzige, der im Krankenhaus geboren wurde, weil er so schwer war, mehr als fünf Kilo. Milan war der erste gewesen, der heiratete, er lebte mit Frau und Kind in einem der beiden Zimmer im Nebengebäude. Das zweite Zimmer wurde nach dem Tod der Großeltern vermietet.

Später, als mein Vater mit meiner Mutter nach Zagreb zog, wohnten sie in einer Wohnung nur wenige Straßen vom Haus meiner Großeltern entfernt. Die Wohnung hatte zwei Zimmer und kostete damals schon fünfhundert Mark. Eine astronomische Summe, wenn man bedenkt, daß Ivo umgerechnet zweihundertfünfzig Mark im Monat verdiente. Mein

Großvater hat uns einmal in Griechenland besucht, in der dreistöckigen Villa mit Blick über die Stadt, und auch mal in Schweden, im Reihenhaus, das mein Vater gekauft hatte; was hat er gedacht? War er stolz auf seinen Sohn?

Mein Vater hat nie über seine Verhältnisse gelebt, es ist für ihn nicht zu begreifen, wenn Menschen das Maß verlieren, sich übernehmen, um etwas darzustellen, was sie nicht sind. Du lebst über deine Verhältnisse, für ihn ist das einer der am schwersten wiegenden Vorwürfe. Er könnte sich mehr leisten, das Haus könnte größer sein, das Auto teurer, aber damit würde er sich nicht wohl fühlen, es wäre für ihn, als würde er seine Herkunft verleugnen. Ein einziges Mal fuhr er einen Mercedes, das kleinste Modell, und gab es kein Jahr später in Zahlung für einen Opel. In Kamerun hatte er anfangs die Wohnung seines Vorgängers übernommen, ein Penthouse über zwei Stockwerke, in dem er sich vom ersten Tag an unwohl fühlte, viel zu groß, was soll ich mit so vielen Zimmern? Wenn ich von der einen oder anderen Villa vorschwärmte, in der meine Klassenkameraden mit ihren Eltern wohnten, zehn Zimmer, Garten, Tennisplatz, sagte meine Mutter, manche Leute sind verrückt, wer soll das alles sauberhalten? Mein Vater ärgerte sich über solche Flausen. Verdien erst mal dein eigenes Geld, dann sehen wir, wie viele Zimmer deine Villa hat. Manchmal forderte er mich auch auf, die Augen zu schließen, und sagte, alles, was ich sähe, sei meins. Er glaubte, man sähe nichts, nur schwarz, wenn man seine Augen schließe. Ich aber sah eine ganze Menge, ein Haus am Mittelmeer, Felstreppen, die ins Wasser führten, eine Stadtwohnung in Paris – vielleicht ist es genau das, was uns unterscheidet. In diesem kleinen Haus aufgewachsen zu sein, in dieser Enge und keine Träume zu haben, das ist für mich nur schwer zu verstehen. Es scheint mir, als verhindere seine Vernunft jeden Gedanken, der über den Ist-Zustand hinausgeht. Auf all diese Gedankenspiele, stell dir vor, jemand schenkt dir eine Million, stell dir vor, du hast einen Wunsch frei, läßt er sich erst gar nicht ein. Du glaubst doch selbst nicht, daß mir irgendwer eine Million schenkt.

Nur mal angenommen!

Warum soll ich mir darüber Gedanken machen, ist doch Blödsinn.

Und wenn du dir was wünschen könntest, was wäre das?

Nichts.

Und wenn ich insistierte, dann hat er irgendwann gesagt: daß es meinen Kindern gutgeht.

Als wir durch die Udbinska zurückgehen, eine kleine Gasse, einige Jugendliche stehen an eine Hauswand gelehnt, blikken uns etwas mißtrauisch nach, und mein Vater mir seinen Schulweg zeigt, den er früher gegangen ist, frage ich ihn.

Hattest du damals keine Träume?

Nein.

Das glaube ich nicht.

Nein. Junge, Träume, ich war froh, wenn ich etwas zum Anziehen hatte.

Du hast nie von einem Leben geträumt, in dem du dir alles leisten kannst? Hast du nie von einem eigenen Auto geträumt? Von einem eigenen Haus?

Ich hatte keine großen Ansprüche, ich war zufrieden mit dem, was ich hatte. Wir hatten eine gute Kindheit. Wir haben viel Mist gebaut als Kinder. Aber wir haben zusammengehalten. Und haben dann alle den Arsch vollgekriegt. Ich habe Djurdja beim Indianerspielen mal mit einem Stock den Schneidezahn ausgeschlagen. Was haben wir gemacht? Sie hat ihn wieder eingesetzt und abends beim Essen so getan, als habe sie ihn sich ausgebissen. Die Mutter konnte es nicht glauben, an dem Abend gab es Kartoffelsalat.

Es ist nicht das erste Mal, daß er solche Anekdoten erzählt, um seine glückliche Kindheit zu beschreiben. Und immer ist die Strenge seiner Mutter ein Thema und der Zusammenhalt unter den Geschwistern, den diese Strenge befördert hat. Er selbst war auch ein strenger Vater. Weil Strenge noch niemandem geschadet hat. Strenge ist in seinem Verständnis ein Ausdruck von Fürsorge. Es hat lange gedauert, bis ich das verstanden habe.

Das Bild, das er von seinem eigenen Vater vermittelt, ist ein anderes, es ist das Bild eines zarten Mannes, der kein Blut sehen konnte und als er während des Kriegs einen Verletzten unter dem Schutt eines Hauses sah in Ohnmacht gefallen ist. Sein Vater konnte ohne seine Ana nicht leben. Sie war es, die alles im Griff hatte, die Kommandantin. Daß dem Vater mal der Kragen platzte, wie mein Vater es bezeichnet, wenn der Mann gegen seine Unterjochung aufbegehrt, schien so selten vorzukommen, daß er diese Male nie vergessen hat. Er sprach sein Machtwort, nachdem Ivana die höhere Schule abgebrochen hatte, in Ivanas Erinnerung war es die Mutter. Ach, der Vater, sagte sie, Vater hat nie was gesagt. Vater aber widersetzte sich seiner Frau, als sie ihn aufforderte, meinen Vater nicht gehen zu lassen, Antun, halt den Jungen, Antun, laß ihn nicht weg! Aber Antun tat nichts, um ihn zurückzuhalten. Und Antun weigerte sich auch beharrlich, der kommunistischen Partei beizutreten. Er wurde darauf angesprochen, daß er als Vorarbeiter mit gutem Beispiel vorangehen müßte, und meine Großmutter bekam Angst, daß er seine Arbeit verlieren könnte, wenn er nicht Mitglied würde. Antun, was sollen wir dann machen? Antun, die Kinder! Was ist so schlimm daran, wenn du in die Partei gehst, wie Millionen andere auch? Aber Antun blieb stur. Mein Vater sagt, er sei nie in die Partei eingetreten. Auf allen Fotos und Super-8-Filmen, die es von meinem Großvater gibt, sitzt er immer abseits, immer am Rande, er hält sich zurück, redet selten, und nur einmal ist er zu sehen, wie er sein Glas in die Luft hält und der Kamera zuprostet. Ich erinnere mich an diese Sequenz, sogar an die alten, hellbraunen Sessel, die wir damals im Keller hatten, und die Worte, mit denen mein Vater diese Bilder bei jedem Filmabend kommentierte: Mensch, da war Opa ganz schön voll.

Es ist nicht leicht, seine Kindheit zu beschreiben, es scheitert schon an den Fragen, was hast du gemacht? Mit was hast du gespielt? Wie kann ich sie eingrenzen, die vielen Jahre, auf bestimmte Ereignisse, die mir eine Vorstellung vom zehnjährigen Drago geben? Nach der Schule hat er erst mal Hausaufgaben machen, jeden Samstag hat eines der Kinder die Holzstühle putzen müssen, und wenn mein Vater wußte, daß die Aufgabe ihm zufallen würde, hat er die ganze Woche aufgepaßt, daß niemand seine Schuhe auf die Stuhlkanten stellte – was sagt das über ihn? Daß er faul war oder clever? Meistens haben sie im Hof gespielt, mit dem Roller, den mein Opa aus alten Fahrradfelgen gebaut hatte, sie haben Krieg gespielt im Maisfeld, und sie waren in der Kirchengemeinde, weil es dort das meiste Spielzeug gab. Sonntags sahen wir aus wie Gentlemen, sagt mein Vater, weil sie sich feinmachten für den Gottesdienst. Und sonst?

Was sonst? Wir hatten eine gute Kindheit, habe ich doch schon gesagt.

Was soll man auch schon sagen über die erste bewußt wahrgenommene Dekade im Leben – ich habe mit Lego gespielt, ganze Vormittage lang, später habe ich Fußball gespielt, ganze Nachmittage lang, ich war ein schüchternes Kind, fast ängstlich, das hin und wieder vom Übermut gepackt wurde – und er? Ich war gutes Kind, habe für Nachbarn die Einkäufe erledigt, war ein guter Schüler, nur einmal gab es Ärger, als ich beim Nachbarn Kirschen geklaut habe, und ich war noch dünner als du. Sagt er.

Seine Eltern sind auf dem Land aufgewachsen, nicht weit von Zagreb. Aus Vinogora stammen die Kunstovićs, die Familie meiner Großmutter, die Ljubićs lebten in Pušća Bistra, zwanzig Kilometer nördlich von Zagreb, nahe der slowenischen Grenze. Mein Vater erinnert sich, wie die Familie früher mit dem Pferdewagen nach Pušća Bistra gefahren ist, drei Stunden seien sie unterwegs gewesen, und er saß vorne und hat das Pferd gezügelt. Es war der Wagen des alten Kunstović, der zu jener Zeit ein kleines Fuhrunternehmen besaß, ein Wagen, ein Pferd.

Meine Eltern waren zum letzten Mal vor vielen Jahren mit Branko und Ivana in Pušća Bistra, sie haben Onkel Mika besucht, den Onkel meines Vaters. Onkel Mika war über Neunzig, aber noch so fit im Kopf, daß er sogar meine Mutter sofort erkannt hat. Der hat sich sogar an ihren Namen erinnert, sagt mein Vater, dabei hatten sie sich nur einmal zuvor gesehen. Und das war mindestens zwanzig Jahre her.

Wir sind aus der Stadt herausgefahren, auf die Autobahn nach Krapina, wir haben die Save überquert und haben dann die Abfahrt nach Zaprešić genommen. Irgendwann auf der rechten Seite soll eine Fabrik kommen, sagt mein Vater, und dann ist es nicht mehr weit. Aber ganz sicher scheint er nicht zu sein. Hinter der nächsten Kurve kommt die Fabrik, sagt er, gleich sind wir da. Hinter der nächsten Kurve sagt er: Wir sind gleich da, eine Kurve noch. Und dann ist es noch eine Kurve und noch eine. Und dann sagt er: Die haben die Fabrik doch nicht etwa abgerissen, die Idioten! Aber dann kommt

sie doch noch, die Fabrik, und kurz darauf ein Schild, auf dem Pušća Bistra steht. Von Dorf zu sprechen wäre ein wenig vermessen. Pušća Bistra sind sechs Häuser auf einem kleinen

Hügel entlang der Straße. Ganz in der Nähe auf einem Berg war der Ursprung, die Wiege, von dort aus sind sie heruntergezogen, hierhin, auf den sogenannten Ljubić-Hügel. Ich hatte ihn mir ein wenig spektakulärer vorgestellt. Ein Bergdorf, eine Kirche, die Reste einer Befestigung, das Denkmal irgendeines Ljubićs, der im Kampf für die Freiheit sein Leben ließ. Ein Ort mit Geschichte, gegründet um 620 n. Chr. mit Ankunft der Kroaten und bekanntgeworden im Jahr 1573 als Hort des Widerstands, als die Ljubićs mit Mistgabeln und Spitzhacken unter Matija Gubec den Aufstand der Bauern tatkräftig unterstützten. Auf solche Geschichten habe ich gehofft, auf Geschichten von Dragan, dem Koloß, der aus diesem Rudel der Meuterer im wahrsten Sinn des Wortes hervorstach. Von dem es heißt, er hätte Hrvatsko Zagorje verdunkelt, weil er den Bewohnern das Augenlicht raubte mit seiner zweizackigen Mistgabel. Nebenbei hätte Dragan Gedichte schreiben können, in denen er die Schönheit der Natur pries. Dragan, der Poet. Schließlich gehört Ljubić zum Wortstamm von Liebe. Ti ljubiš – du liebst.

In Wahrheit sind die Ljubićs einfach nur Bauern gewesen ohne irgendeinen Helden in der Ahnengalerie. Die mutigste Tat, so scheint es mir, war die meines Großvaters, der als einziger diesen Hügel verlassen hatte und in die Stadt gezogen war. Antun, der Eroberer. Vielleicht erklärt es auch, warum er meinen Vater nicht aufzuhalten versuchte, als dieser seine Odyssee antrat.

Früher, sagt mein Vater, lagen die Häuser inmitten eines Waldes, und die Straße war nicht asphaltiert. Vielleicht hatte es mehr Idylle, als noch keine Lastwagen an den Häusern vorbeirauschten und man noch seine Ruhe hatte.

In einem dieser Häuser wohnt Boško, allerdings weiß mein Vater nicht mehr genau in welchem. Aber es ist auch egal, weil man klingeln kann, wo man möchte, mein Vater sagt, in jedem dieser Häuser lebt ein Ljubić. Wir halten vor dem vierten Haus, er klingelt. Kurz darauf tritt eine Frau aus dem Haus. Ich schätze sie auf Mitte Dreißig, schwarze Haare, ein rundes Gesicht, sie trägt ein Baby auf dem Arm.

*Ja sam Drago*, sagt mein Vater.

*Ja sam Marica.*

Sie geben sich die Hand.

*Ja sam sin od Antuna*, sagt mein Vater.

Sie unterhalten sich kurz, und dann bittet uns die Frau ins Haus. Wir setzen uns ins Wohnzimmer, und Marica holt uns Gläser und eine Flasche Wasser. Marica, sagt mein Vater, lebt seit vier Jahren in Pušća Bistra, sie weiß, daß ein Teil der Familie in Zagreb lebt, aber zu diesen Ljubićs hatte sie bislang keinen Kontakt. Sie stammt aus Kastel Stari, einem Ort bei Split. Sie hat Nedelko geheiratet, den jüngsten Sohn von Stefek, der wiederum, wenn ich das richtig verstanden habe, ein Cousin meines Vaters ist.

Ich frage mich, ob Marica mit mir verwandt ist. Die Frau des Cousins meines Vaters. Die Frau des Sohnes seines Onkels. Meine Familie – wie fremd sie mir ist. Es ist allein die Ahnung desselben Ursprungs, die mich mit Ivana, Branko, Gordana und all den anderen verbindet. Wie sehr hat sich mein Leben von ihrem entfernt; sechs Häuser im Nirgendwo, an denen die Lastwagen vorbeirauschen, ich verspüre diesem Ort gegenüber keine Nähe, da ist nichts, nur Trostlosigkeit angesichts der Häuser, Kulissen einer anderen Zeit. Hunderte Autos fahren täglich vorbei, deren Fahrer noch nie vom Ljubić-Hügel gehört haben; ich könnte einer von ihnen sein.

Marica kramt aus einem Stapel ein altes Dokument hervor. Es ist ein Grundbucheintrag, sechs Namen: Pavao, Janica, Antun, Nikole, Ivan und Marica Ljubić. Die Geschwister meines Großvaters, von denen alle tot sind, bis auf Marica, die lebt zweiundneunzigjährig in einer Wohnung in Zagreb. Als meine Eltern das letzte Mal in Zagreb waren, ist Marica mit der Tram zu Ivana gekommen, weil sie meinen Vater noch mal sehen wollte.

Wir verabschieden uns. Als wir aus dem Haus treten, biegt ein Auto in die Einfahrt des Nachbarhauses. Mein Vater ruft: *Bok*. Und der Mann, den ich noch nie gesehen habe, sieht ihn an, überlegt und sagt dann: *Ti si sin od Antuna?*

Es ist Boško, der Cousin meines Vaters, Sohn von Mika. Wir setzen uns in die Veranda seines Hauses. Boško holt Wein und Wasser. Es ist Mittag, die Häuser wirken verlassen, die Vorgärten grenzen an die Straße, ein paar Gemüsebeete, Rasen. Ab und an fahren Autos vorbei, und Boškos Stimme schwillt an, bis das Motorengeräusch hinter der nächsten Biegung abklingt. Boško erzählt von früher. Früher war das noch anders hier, früher als Antun und die Familie mit dem Pferdewagen aus Zagreb kamen und sie jedesmal ein Schwein geschlachtet haben. Da haben sie gefeiert, zwei Tage lang. Er sagt: Die Ljubićs haben schon immer gern gegessen. Heute kommt niemand mehr. Auch die Kinder sind alle weg. Im großen Haus leben nur noch Boško und seine Frau. Hinter dem Haus steht ein Rohbau. Was er da baut, will ich wissen. Und mein Vater sagt, es ist für die Kinder. Vielleicht ziehen die mal ein.

Boško erzählt von Mika, seinem Vater, der eines Tages die Pantoffeln aus-, sich die Straßenschuhe anzog und sagte, er wolle in den Schuppen gehen, um Holz zu holen. Als er nach zwei Stunden nicht wieder zurück war, suchte ihn Boško. Die Tür zur Toilette stand einen Spalt offen, und weil Boško seinen Vater nicht stören wollte, hustete er. Aber Mika reagierte nicht. Boško trat ein und sah seinen Vater von der Decke hängen. Später fand er einen Zettel, den sein Vater hinterlassen hatte. Er habe genug gelebt, stand da. Ausgerechnet Mika, der bis zuletzt so einen klaren Kopf hatte.

Boško hebt die Hände und läßt sie auf die Oberschenkel klatschen. Es ist, als wolle er sagen: So ist es, das Leben, was soll man machen?

Am nächsten Tag, unserem letzten in Zagreb, hat uns Mišun abgeholt. Er hat geklingelt, und als wir nach draußen kamen, warteten er, Ksenija, seine Frau, und Davor, sein Sohn, vor dem Auto. Mišun kam auf mich zu, umarmte mich, klopfte mir auf die Schulter, wir sahen uns an und wußten beide nichts zu sagen.

Mišun ist mein Cousin und der einzige Sohn von Milan, dem ältesten Bruder meines Vaters. Ksenija hat Fotos dabei,

die sie mir im Auto zeigt, Fotos von ihrer Hochzeit, auf der ich mit meinen Eltern war. Mein linker Arm lag in Gips, ich hatte ihn mir gebrochen, als ich von der Schaukel sprang. Ich kann mich vage an die Hochzeit erinnern, weil ich Ksenija so hübsch fand. Damals war ich neun. Ksenija sitzt auf der Rückbank, in der Mitte, zwischen Davor und mir. Beide sprechen Deutsch, Ksenija ein wenig, Davor gut, weil er mit einem Stipendium in Freiburg studiert hat. Mišun und mein Vater sitzen vorn und unterhalten sich. Wieder kommt das Wort *knjiga* auf. Dann Milan. Den Rest kann ich mir denken. Er will mit dir reden, sagt mein Vater. Und Mišun nickt. Ich solle doch auch über Davor schreiben, sagt mein Vater, schließlich war Milan sein Opa. Aber Davor kennt seinen Opa nur von Fotos. Davor erzählt statt dessen von einer Konzertreise nach Washington.

Wir lassen die letzten Ausläufer der Stadt hinter uns, als die Steigung beginnt, wir tauchen ein in die Wälder des Medvednica mit seinem Gipfel Sljeme, hin und wieder ein Bach, der neben der Straße hinabfließt, ein tonloses Rauschen draußen hinter den geschlossenen Scheiben, rechts und links parkende Autos, Menschen, die durch den Wald wandern; der Medvednica ist der Hausberg von Zagreb, im Winter auch Skigebiet. Sljeme, der Gipfel, liegt auf 1935 Metern. Wir machen Rast an einer Art Berghütte, *Punktijarka*, setzen uns an einen Holztisch, essen Čevapčići. Mišun und mein Vater bestellen Gemischten, und ich frage Mišun, wann er seinen Vater das letzte Mal gesehen hatte.

Einmal hatte er ihn in Frankreich besucht, zusammen mit Ivana, da war er noch ein Junge. Sie waren nach Nantes gefahren, wo Milan zu der Zeit im Gefängnis saß. Das war, ja, wann war das? 1967? 1968? Er hatte sogar Nantes und Nancy verwechselt. Einmal hatte er Davor in Freiburg besucht und überlegt, das Grab seines Vaters zu suchen, auf der Karte hatte er gesehen, daß Nancy nicht allzu weit von Freiburg entfernt ist. Milan liegt in Nantes, sagt mein Vater, Nantes, er betont die Endung, e-s, das ist auf der anderen Seite Frankreichs. Mišun sagt: Ich dachte, es sei Nancy gewesen.

Was hatte ich erwartet? Mišun ist ohne Vater aufgewachsen, das letzte gemeinsame Foto ist an seinem zweiten Geburtstag aufgenommen, er ist mittlerweile einundfünfzig Jahre alt, hatte Zeit genug, um sich an das Leben ohne Vater zu gewöhnen. Die Trauer, vielleicht auch die Wut, das Gefühl, im Stich gelassen worden zu sein, all das wird er längst verarbeitet haben.

Frag ihn, ob er böse auf seinen Vater war.

Mišun schüttelt den Kopf. Nein, wieso? Er wollte, daß es uns bessergeht.

Hat er ihn vermißt?

Natürlich. Er hatte schließlich keinen Vater, der ihm geholfen hat, als andere Jungs ihn geärgert haben.

Hatte er Kontakt zu seinem Vater?

Sie haben sich geschrieben.

Und seine Mutter, hat die ihren Mann noch mal gesehen?

Nein. Milan hatte geschrieben, daß er ein Hotel in Nantes kaufen wollte. Die Familie sollte kommen, sie würden wieder zusammensein, wie früher. Er wollte sich bessern, nicht mehr so viel trinken. Die Mutter aber traute ihm nicht. Kurz darauf verunglückte er mit seinem Motorrad.

Mišun sagt, er habe noch eine Kiste mit alten Briefen und Fotos.

Wir zahlen, und auf dem Weg zum Auto begegnen wir der kroatischen Konsulin aus Stuttgart. Sie kennt Davor aus seiner Zeit in Freiburg. Wir geben einander die Hand, mein Vater senkt seinen Kopf, eine Geste, die er oft macht, wenn er fremden Leuten die Hand gibt, vor allem wenn sie etwas darstellen, im kurzen Gespräch fällt wieder das Wort *knjiga*, und die Konsulin schaut mich an und sagt: Da wünsche ich Ihnen viel Erfolg. Wir steigen ins Auto und fahren wieder hinab. Und dann erzählt Mišun, mein Cousin, vom Grizzly. Mein Vater schaut derweilen nach vorn, auf die Straße, während seine rechte Hand mit der Lederschlaufe spielt, die am Griff seines Gehstocks befestigt ist.

Es ist seine Geschichte, aber er wirkt unbeteiligt. Das wird während der gesamten Reise so bleiben, in Italien, in Frankreich, nur einmal wird er Tränen in den Augen haben, und hinterher bin ich mir nicht mehr sicher, ob ich sie mir nicht nur eingeredet habe, weil es doch dazugehört, wenn man seiner Vergangenheit begegnet und all das wieder lebendig wird, was man als Erinnerung im Kopf hat. Vielleicht aber, und darüber habe ich mir zuvor noch nie Gedanken gemacht, vielleicht muß man sich auch Gefühle leisten können wie ein Haus oder ein Auto. Vielleicht sind Gefühle Wohlstandswesen, die in Zeiten der Armut keinen Platz haben, weil Angst, Freude und Trauer vom Lebenskampf ablenken, und Menschen, die in Armut aufgewachsen sind, behalten zeitlebens den Eindruck, sie ließen sich gehen, wenn sie Gefühlen ihren Lauf lassen.

Das Haus, in dem Mišun mit seiner Familie lebt, hat drei Stockwerke. Es liegt an einer kleinen Stichstraße in der Nähe des Stadtzentrums. Zum Haus gehört ein kleiner Garten, der von einer Mauer umschlossen ist, aus den oberen Stockwerken sieht man über die Mauer hinweg auf Gleisstränge. Im Wohnzimmer steht der Flügel, an den sich Davor setzt, kaum, daß wir im Haus sind, und Beethovens Mondschein-Sonate zum besten gibt. Er ist der Stolz seiner Eltern. Mit vierundzwanzig unterrichtet er bereits an der Musikschule Pavao Markovac. Als Davor den letzten Akkord ausklingen läßt, dann die Klappe schließt, kommt mir dieses Bild von seinem Großvater, der die alten Autos ausschlachtet, in der Nachmittagshitze auf einem Schrottplatz in Martigues, der andere Mann, der ihm hilft, ist mein Vater, der Mann mit den schlanken Fingern.

Der kann spielen, was? sagt mein Vater. Davor zeigt ihm die Partitur seines letzten Konzerts, mein Vater nickt; er hat nie gelernt, Noten zu lesen.

Wir gehen nach oben, das Haus ist unaufgeräumt, die Möbel sind verschoben, Zimmer ausgeräumt, weil die Maler zugange sind. Es ist so schön ruhig hier, sagt Ksenija, als sie mir den Balkon zeigt. Man hört sogar die Vögel.

Wir setzen uns ins Wohnzimmer, und Mišun fragt Ksenija, wo die Schachtel sei. Dann steht er auf und sucht eine Weile in dem Durcheinander aus Möbeln und Kartons. Er kommt mit einer kleinen Holzkiste wieder, setzt sich und kramt jede Menge Fotos hervor. Mišun beim Kung-Fu mit nacktem Oberkörper. Milan, Stojana und Mišun. Ein Bild aus der kurzen Zeit, als die Familie noch zusammen war.

Mišun, Ksenija und Davor vor Stojanas Grab, vor sieben Jahren ist sie gestorben. Sie hatte nicht mehr geheiratet, war, kurz nachdem Milan gegangen war, mit Mišun bei seinen Großeltern ausgezogen, in eine Wohnung, die sie über der

Fabrik bekommen hatte, in der sie damals arbeitete. Nachdem Mišun auszogen war, blieb sie den Rest des Lebens allein in der Zweizimmerwohnung. Mišun hält ein Paßfoto seines Vaters in den Händen. Es zeigt Milan mit Oberlippenbart, ernstem Blick, die Haare wie mit Pomade hochgestellt. Auf der Rückseite steht mit blauem Kugelschreiber geschrieben: Martigues, 5. IX. 1959. Wann genau Milan ging, das kann niemand sagen. Mein Vater glaubt, sein Bruder sei ein Jahr vor ihm gegangen. Mišun findet das Arbeitsbuch seines Vaters. Der letzte Eintrag: 31. III. 1958, Merkur Zagreb. Mein Vater ist Ende September geflohen. Milan konnte längstens ein halbes Jahr weggewesen sein.

Mišun erzählt Geschichten. Wie mein Vater von der Polizei erwischt wurde, weil er zu schnell mit dem Motorrad gefahren war, wie er nach Hause raste und das Motorrad im Stall versteckte, wie sie Kirschen klauten und mit einer Schleuder die Lampen im Viertel zerschossen. Er holt ein Foto nach dem anderen aus der Kiste. Milan als Soldat. Mišun als Soldat. Im August 1995, als Einundvierzigjähriger, wurde er an

**Kroatien gedenkt Sieges über Serben in Knin**

**Zagreb** (dpa) – Mit einer Militärparade in der Kleinstadt Knin hat Kroatien am Freitag den 10. Jahrestag des Sieges über die aufständischen Serben begangen. Im Mittelpunkt der Feier stand die Zurückeroberung Knins im Hinterland Dalmatiens . Knin gilt den Kroaten als „Symbol der serbischen Rebellion". Regierungschef Ivo Sanader würdigte die damalige Militäroffensive „Oluja" (Sturm) gegen die Serben als eine „prachtvolle Aktion". Von 4. bis 8. August 1995 hatten kroatischen Truppen ein Drittel ihres seit 1991 von Serben kontrollierten Staatsgebietes ohne nennenswerten Widerstand zurückerobert. Als Folge flüchteten etwa 200 000 seit Jahrhunderten in diesen Gebieten lebende Serben über die Grenze. Kroaten ermordeten mehrere hundert Zivilisten. Sanader bezeichnete diese Verbrechen als „Versäumnisse", die der Staat bestrafen werde.

die Front geschickt. 101. Brigade. Er war Teil der kroatischen Offensive, die das von Serben besetzte Knin zurückeroberte. Von Tudjman, dem damaligen Präsidenten, hat er eine Auszeichnung bekommen. Die goldene Medaille liegt in einem mit Samt ausgeschlagenen Kästchen. *Oluja.*

Am ersten Tag, erzählt Mišun, gab es Tote in seiner Einheit. Am zweiten auch, am dritten waren die serbischen Soldaten verschwunden. Mišun ist der einzige, den ich kenne, der in den vergangenen Jahren im Krieg war. Warum? Ich frage mich jedesmal, wenn irgendwo gekämpft wird, warum macht man mit? Warum läßt man sich darauf ein, zu töten oder getötet zu werden? Warum finden sich immer welche, die sich am Töten beteiligen? Warum ist es verwerflich, sich zu weigern? Viele sind abgehauen, als sie gebraucht wurden, sagt Mišun. Er nicht. So einfach ist das. Frau und Kind nach Graz geschickt und sich selbst an die Front. Fürs Land, fürs Ego, für was auch immer. Das ist unser Land, soll man mit ansehen, wie andere es uns wegnehmen?

Für Pazifismus hat mein Vater kein Verständnis, manchmal ist es nötig zu kämpfen, alles andere wäre ein Zeichen von Schwäche, sich auf der Nase herumtanzen lassen, die Amerikaner machen das richtig, die zeigen, wo es langgeht. Natürlich ist Krieg nichts Schönes, weil es immer die Ärmsten trifft, Unschuldige, Frauen und Kinder, aber was soll man machen, so ist das Leben. Ein Widerspruch. Mein Vater war nie Soldat. Letztlich war das auch der Grund, weshalb er bei Nacht das Land verlassen hat und nicht wie so viele andere, die legal ausreisten, um ihr Glück als Gastarbeiter zu suchen: mit seiner Flucht entging mein Vater dem Militärdienst. Viele Jahre später stand ich vor der Entscheidung, nach der Schule zu dienen oder zu verweigern, ich entschied mich für den Zivildienst, was mein Vater nicht recht verstehen konnte. Schließlich hat der Militärdienst noch keinem Mann geschadet. Aber es war eher meine Mutter, die mir erklärte, welchen Nutzen das Militär für mich hätte. Da wird gegessen, was auf den Tisch kommt; wie hätte er mir das erklären sollen? Wie hätte er mir erklären sollen, daß ich zu den Soldaten soll, vor denen er selbst abgehauen war?

Ich finde ein Foto von Branko und stelle mir vor, es wäre mein Vater in jungen Jahren, als Soldat der jugoslawischen Armee. Aber es gelingt mir nicht. Sein Bruder war Soldat,

seine Neffen auch, von allen gibt es Fotos, trotzdem kann ich mir meinen Vater nicht in einer Militäruniform vorstellen. Er war zwar immer sehr pflichtbewußt, aber er hatte einen eigenen Kopf. Ich denke, es hätte ihm widerstrebt, sich gegen seinen Willen einer Hierarchie zu unterwerfen, die ihm seine Freiheit nimmt. Irgendwann wäre ihm der Kragen geplatzt, wie er ihm heute noch platzt, wenn er das Gefühl hat, jemand verscheißert ihn, ob Banken oder Versicherungen, die Gaswerke oder die Polizei, die können mich mal, sagt er dann und droht, alles zu kündigen. Ljubić, strammstehen! Wissen Sie was? Sie können mich mal.

Wie alles im Leben wird auch irgendwann der Krieg zu einer Anekdote. Mišun erzählt, daß seine Mitkämpfer ihn für verrückt hielten und ihn beinahe in psychische Behandlung übergeben hätten, weil er nachts, als die anderen schliefen, hellwach war und tags, als die anderen kämpften, schlief. Es war der Rhythmus, an den er sich durch seine Arbeit im Casino gewöhnt hatte.

Ist er verletzt worden? will ich wissen.

Er schüttelt den Kopf. Er hat nur ein Trauma. Eine vierzigprozentige Invalidität wurde ihm attestiert.

Mišun hat einen Schein im Auto liegen, der ihn berechtigt, überall zu parken. Mein Vater sagt, Mišun habe es zu etwas gebracht. Mišun darf sein Auto mitten in der Fußgängerzone abstellen.

Davor ist der einzige, der vom Alltag erzählt, wie sie ihn jahrelang in dieser Stadt ertragen haben. Er erzählt vom Luftalarm, den es hin und wieder gegeben habe, von dem an- und abschwellenden Jaulen der Sirenen, das den Alltag vorübergehend unterbrach – die Gespräche, das gemeinsame Essen, die Telefonate, den Schulunterricht – und das sie in den nächsten Keller trieb. Er erzählt, daß die Stadt nachts dunkel blieb, selbst die Ampeln wurden abgeschaltet. Und wenn sie Auto fuhren, dann ohne Licht. Er erzählt von den zwei serbischen

Mädchen, die in seine Klasse gingen und eines Tages nicht mehr kamen. Das Schlimmste aber sei gewesen, sagt er, wenn das Fernsehen auf allen Kanälen Volksmusik sendete. Dann war klar, daß irgendwo im Land etwas geschah.

Als der Krieg 1991 ausbrach, habe ich gerade Abitur gemacht. Auf einer Privatschule in Bremen. Ich freute mich auf die Wochen danach, auf die Reise nach Frankreich und den Beginn eines Lebens ohne Schule. Der Krieg ging mich wenig an, der Krieg, das waren nur Bilder in den Nachrichten. Mein Vater hatte Ivana angeboten, nach Deutschland zu kommen, aber sie wollte nicht. Erst später sickerten einige Geschichten zu mir durch, von Milan, meinem Cousin, der in vorderster Front kämpfte und dem ein kleiner Hund zugelaufen war, den er unter der Uniformjacke mit sich herumtrug. Wenn mich, was in jener Zeit oft geschah, ein deutscher Freund fragte, ob ich irgendwie betroffen sei vom Krieg, erzählte ich von Milan, dem Cousin, der auf kroatischer Seite kämpfte. Ich wollte nicht teilnahmslos wirken, schließlich war ich in Zagreb geboren und hatte eine Familie dort. Ich bat meinen Vater, mir die Gründe für den Krieg zu erklären. Ich hatte vom Amselfeld gehört, von der Ustaša und von Tito, ich wußte, daß die Mehrheit der Kroaten katholisch und die Mehrheit der Serben orthodox waren, daß die einen das lateinische und die anderen das kyrillische Alphabet benutzten, daß den einen fünfundneunzig Prozent der Adriaküste gehörte, den anderen nichts, warum das alles aber zum Krieg geführt hatte, wußte ich nicht. Mein Vater offenbar auch nicht. Er sagte: Jahrzehntelang haben wir zusammengelebt, wir haben in der Schule Kroatisch und Serbisch gelernt, wir hatten Serben in der Klasse, und das war kein Problem. Und dann hauen die sich die Köpfe ein. Die haben einen weg.

Am Tag der kroatischen Offensive, als Mišun an die Front kam, waren meine Eltern in Zagreb. Und als ich im Fernsehen davon erfuhr, daß Tausende Soldaten in Busse verladen wurden, rief ich bei Tante Ivana an. Es war das einzige Mal überhaupt. Mama, Papa? fragte ich. Und Ivana sagte: Aerodrom und noch etwas, das ich nicht verstand. Meine Eltern aber kamen nicht. Und ich hörte auch nichts von ihnen. Im Fernsehen sah ich immer wieder diese Bilder von den Bussen, die bereitstanden, von den Männern, die in einer Reihe warteten, und hörte die Reporter von Ausnahmezustand sprechen, der in Zagreb und ganz Kroatien herrschte. Es war nachts, und ich saß zu Hause in Bremen und wußte nicht, was geschah. Es war das einzige Mal, daß mir der Krieg naheging; ich verbrachte eine schlaflose Nacht. Es war nicht vorherzusehen, daß die Offensive auf so wenig Gegenwehr stoßen würde, daß sie nach drei Tagen schon wieder vorbei war. In jener Nacht rechnete ich mit wochenlangen Kämpfen, befürchtete, daß das serbische Militär im Gegenzug kroatische Städte bombardieren würde und meine Eltern mittendrin wären.

Am Morgen dann rief mein Vater an. Sie waren nachts mit dem Bus nach Ljubljana gebracht worden, weil der Flughafen von Zagreb geschlossen worden war. Mittags waren sie dann in Bremen. Sie hatten auch die vielen Busse gesehen, mit denen die Soldaten aus der Stadt gebracht wurden. Hattet ihr Angst? fragte ich. Meine Mutter sagte: Ein bißchen mulmig war mir schon. Mein Vater sagte: Angst, warum?

Den letzten Abend verbringen wir wieder in Ivanas Wohnzimmer. Die Familie ist noch mal zusammengekommen, Gordana, Branko, Mišun, Ivana und mein Vater sitzen auf dem Sofa, mein Vater wieder in seinem weißen Unterhemd. Irgendwie kommt das Gespräch auf Tito. Mišun erzählt, daß zum fünfundzwanzigsten Todestag von Tito, im Mai 2005, das Fernsehen eine Umfrage gezeigt hatte, in der fünfundneunzig Prozent der Kroaten angaben, daß ihr Leben unter Tito besser gewesen sei. Wie schnell das geht, daß Menschen eine Sehnsucht entwickeln nach dem undemokratischen Staat, den sie eigentlich überwunden haben.

Daß sie ein gutes Leben hatten, sagt Gordana, man mußte sich nur aus der Politik raushalten.

Daß alles so teuer geworden ist, sagt Ivana, und die Menschen keine Arbeit haben.

Bei fünfzehn Prozent liegt die Arbeitslosenquote in Kroatien, das war früher, unter Tito, anders.

Ksenija erinnert sich, wie sie mit ihrer Schule mal frei bekam, weil sie Tito zuwinken sollten.

Und mein Vater? Ich habe meinen Vater nie über Tito klagen hören, er hat nie von Verhaftungen gesprochen, von Unterdrückung, von der Geheimpolizei, die Menschen verschwinden ließ, von Todeslisten. Tito, so selten er über ihn sprach, war der Mann, der das Land zusammengehalten hatte, der sich vom Ostblock abgrenzte, der seinen Bürgern Reisefreiheit gewährte. Wenn er sich aufregt, dann ganz allgemein über den Sozialismus, der doch Gleichheit versprochen hatte und einigen dann doch Reichtum bescherte. Was ihn schlußfolgern läßt: Kommunismus, Sozialismus, das ist doch alles Kokolores.

Lag es doch nicht an Tito, daß er sein Land verließ? Warum dann?

Er wollte Milan suchen.

Der Abschied ist unspektakulär wie die Ankunft. Eine kurze Umarmung, *Bok*, wahrscheinlich war es vor fünfundzwanzig Jahren nicht anders. Und niemand hätte gedacht, daß ein Vierteljahrhundert vergehen würde bis zum Wiedersehen. Ivana hatte am Vorabend noch gefragt, was wir für die Fahrt mitnehmen wollten an Proviant. Höchstens drei Brötchen, hatte mein Vater gesagt. Die Kühlbox, die sie uns gepackt hat, wuchte ich mit beiden Händen die vier Stockwerke hinunter, zwölf Tage später, kurz vor Bremen, verspeist mein

Vater das letzte Stück Schokolade. Bei der Abfahrt aus Zagreb haben wir dabei: vier belegte Sandwiches, drei Joghurts, acht panierte Schnitzel, fünf Tafeln Schokolade, fünf Bananen, drei Äpfel, ein Glas Eiwar und drei Liter Slivovitz in Plastikflaschen.

# Triest

*Auch wenn ich meinen Arsch verwetten würde, habe keine Ahnung, was ich in Triest gemacht habe. Kann mich nicht mal erinnern, daß ich da war. Triest – ich war mal mit Ivo da, wir haben auf dem Markt Uhren gekauft, aber die haben nicht mal bis Stadtgrenze gehalten. Oben auf Berg sind sie schon stehengeblieben. Diese* Bakaluten *haben uns Scheiß angedreht. Aber das war viel später, muß Anfang der Siebziger gewesen sein. Daß ich 59 schon mal da war, man, man, man, ich weiß nichts, wie weggeblasen.*

Mein Vater war in Triest. Eine der Postkarten, die Ivana aufgehoben hatte, wurde in Triest abgeschickt. Es ist die erste in der chronologischen Abfolge. Die wenigen Zeilen sind mit Trst, 3. II. überschrieben, der Stempel ist leserlich, Trieste, 1959.

> Meine Lieben!
> Es gefällt mir sehr, und ich habe viel gesehen. Was die Arbeit betrifft, so ist es schwer, ich habe etwas gefunden. Es wird aber für den Anfang schlecht bezahlt.
> Viele Grüße, Drago.

Er ist sich sicher, Zagreb Ende September verlassen zu haben, es sei kurz nach seinem Geburtstag gewesen, sagt er. Demzufolge müßte er mehrere Monate in Triest verbracht haben, von Oktober bis Februar, Weihnachten, Neujahr. Wo hat er gefeiert? Mit wem? Im Winter kann es kalt werden in Triest.

Die Bora pfeift vom Hochplateau des Karsts durch die Stadt und läßt das Meer aufschäumen. Die Bora, sagt mein Vater, die kenne ich, die friert dir den Arsch ab. Triest gilt als Stadt der Winde, die Bora, der Maestrale, der Scirocco, es weht aus allen Richtungen. Auf dem Karst, vierhundert Meter über der Stadt, drückt dann und wann eine Bö gegen das Auto, wir haben die Fenster geschlossen, der Himmel ist klar, es ist alles in allem ein schöner Tag, als wir am frühen Nachmittag von oben zum erstenmal auf die Stadt blicken.

Wir haben dreihundert Kilometer zurückgelegt, von Zagreb nach Triest. Die Autobahn führte durch Slowenien, über Ljubljana, Richtung Postojna. Vor siebenundvierzig Jahren ist mein Vater in den Zug gestiegen. Mit nichts außer einer Tasche. War er aufgeregt? Was ging ihm durch den Kopf? Wußte er, in welche Gefahr er sich begab? Daß man auf ihn schießen könnte? Daß er als fahnenflüchtig gelten würde, weil er noch keinen Militärdienst geleistet hatte?

Sein Bruder hatte ihn vor der italienischen Polizei gewarnt. Die würde jugoslawische Flüchtlinge in Auffanglanger bringen und als Arbeitskräfte nach Australien verkaufen. Das war, was mein Vater sich bis heute gemerkt hat. War das seine einzige Sorge, damals im Zug sitzend? Machte er sich Gedanken über die Zukunft? Sah er sich in der engen Kabine eines Schiffes, wochenlang eingepfercht zwischen seinesgleichen, vom Seegang ganz bleich? In Australien leben dreihunderttausend Kroaten, auch wenn ich bezweifle, daß sie irgendwann dorthin verkauft wurden. Möglicherweise dachte mein Vater an die Schiffe voller Häftlinge, die ein Jahrhundert zuvor nach Australien unterwegs waren. Möglicherweise sah er sich auf einer Plantage arbeiten. Was hatte er sich erhofft von seinem Aufbruch?

Junge, ich wollte meinen Bruder finden.

Das war der einzige Grund? Und der Italiener, Kaneluti, wieso hast du dir von ihm eine Adresse geben lassen?

Für mich war das Leben in Jugoslawien gut. Ich konnte Geld verdienen, habe nebenbei Anker für Lichtmaschinen gewickelt.

Das hätte dir gereicht?

Vielleicht hätte Gluhak mir Werkstatt übergeben.

Ich verstehe das nicht. Du hast doch vorgestern noch von Tito geredet und daß Sozialismus Kokolores ist.

Uns ist bei Tito besser gegangen als anderen, als Polen und Tschechen und Ungarn.

Das heißt: Du bist einfach abgehauen, weil du jung warst und ein Abenteuer suchtest? Dafür hast du Asyl bekommen?

Er schaute auf die Straße, während des ganzen Gesprächs schon. Immer voraus auf die Straße.

Junge, hast du Grund zu klagen? Du darfst nicht vergessen, ich habe nichts gehabt. Und heute? Wir haben ein Haus, ein Auto, wir sind viel verreist, du hattest immer alles, deinen Schwestern geht es gut, dir geht es gut, was willst du mehr?

Eigentlich wollte ich nur verstehen, warum er gegangen ist und dieses Risiko auf sich genommen hat. Er hätte ein paar Jahre warten und als Gastarbeiter ausreisen können, er hätte sich in den Zug gesetzt und wäre nach Deutschland gefahren, hätte Arbeit bekommen, eine Unterkunft, hätte Geld verdient und hätte nicht nachts zu Fuß über die Grenze gemußt, in eine unsichere Zukunft, in der er nur zwei Menschen hatte, die ihm helfen konnten. Sein Bruder in Martigues. Und der Freund Kanelutis, dessen Namen und Adresse er auf einem Stück Papier bei sich hatte.

Wir haben die erste Grenze hinter uns gelassen, kurz nach Zagreb, wir mußten unsere Pässe vorzeigen, Name: Ljubić, Geburtstag: 25. 9. 1939, Geburtsort: Zagreb, Nationalität: deutsch. Daran läßt sich ein Teil der Geschichte meines Vaters ablesen. Was dachte dieser Grenzer, der sich hinabbeugte und uns anschaute? Zwei, die ihre Herkunft verkauft haben für ein bißchen Wohlstand? Die weit weg waren, als Männer wie er für die Freiheit der Kroaten gekämpft haben? Er reichte mir die Pässe, wortlos. Es ist eine Grenze, die es früher nicht gab, die nicht zu den Erinnerungen meines Vaters paßt. Hatte nicht Slavko, der Nachbar von Ivana, sein Haus in der Nähe von Brežice? Heute müßte man über die Grenze, um ihn zu besuchen. Als mein Vater noch klein war, ist meine Großmutter häufig mit ihm nach Slowenien gefahren, um Lebensmittel zu kaufen, die Slowenen, sagt mein Vater, hatten immer alles und vor allem Fleisch. Meine Mutter konnte Slowenisch, ich mußte meinen Mund halten, damit sie nicht merkten, daß wir Kroaten waren. Die mochten uns nicht.

Mir war nicht mal klar, daß sich die Sprachen so unterscheiden, ich dachte immer, alles sei irgendwie jugoslawisch. Wie ignorant das war, wird mir klar, als wir an der nächsten Ausfahrt vorbeifahren. Zahod, mit Betonung auf dem o, Westen. Bei uns, sagt mein Vater, heißt Zahod Scheißhaus. Die Betonung liegt auf dem a. So schnell kann es zu Mißverständnissen kommen.

Die Autobahn von Zagreb nach Ljubljana ist noch nicht fertig, ein Stück gehört noch zum alten Autoput, dieser zweispurigen Straße, die von Norden nach Süden durch Jugoslawien führte. Als wir in Thessaloniki lebten, sind wir auf dem Weg nach Bremen einige Mal über den Autoput gefahren. Ljubljana, Zagreb, Belgrad, Skopje, Thessaloniki, mehr als tausend Kilometer auf der sogenannten Todesstrecke, neben der Straße lagen die Autowracks. Es war meist nachts, als wir, auf dem Rückweg von Bremen, über den Autoput fuhren, ich lag auf der Rückbank und folgte dem Licht der Scheinwerfer, das immer wieder den Innenraum erhellte. Im Auto fühlte ich mich immer sicher, mein Vater fuhr, am liebsten ohne anzuhalten, meine Mutter verwaltete den Proviant, die geschmierten und belegten Brötchen, die Äpfel und Bananen. Einmal aber wurde ich herausgerissen aus meiner fast schon transzendenten Schlummrigkeit, mein Vater hielt die Hupe gedrückt und ließ sie gar nicht mehr los, er bremste, brachte den Wagen zum Stehen, ich setzte mich auf, sah, wie auf der anderen Spur ein Wagen anhielt, ich sah die Rückfahrleuchten, mein Vater kurbelte sein Fenster herunter und warf dem anderen Fahrer auf jugoslawisch Flüche entgegen, und dann wurde er vom Fahrer des anderen Wagens angespuckt. Mein Vater griff unter den Sitz, um den Gummiknüppel zu holen, den er für solche Fälle dabeihatte, dann besann er sich, kurbelte die Scheibe hoch und fuhr weiter. Er murmelte etwas von Albanern und Messer; es war das erste Mal, daß er in meiner Gegenwart so etwas wie Angst hatte.

Kurz hinter Postojna machten wir Rast. Mein Vater reichte mir ein Sandwich, die Flasche Wasser und eine Serviette. Er nahm sich eines der panierten Schnitzel und weil es so klein war, noch ein zweites. Er holte sein Handy aus dem Handschuhfach, um meine Mutter anzurufen. Hallo, ja, hier auch. Alles klar, sind kurz vor Triest, ja, ja, hast du nichts Besseres zu tun? Ja, ja, tschüs.

Deine Mutter, sagte er, hat einen weg. Die hat Garage geputzt, Schuppen gestrichen und Gardinen gewaschen. Dann schaute er auf das Display seines Handys. Die haben wohl Arsch offen, sagte er, eben waren noch zwölf Ewro – Euro gehört zu den Worten, die er nicht aussprechen kann –, zwölf Ewro waren auf Karte, jetzt hab' ich noch zwei. Zehn Ewro für einmal Hallosagen, die haben einen weg.

Die nächsten Telefonate, da war ich mir sicher, wird er deutlich kürzer halten, auch wenn mir ein Rätsel bleibt, wie das gehen soll.

Trst, fünfzehn Kilometer, stand auf einem Schild. Wir tankten noch mal knapp vier Liter, um die Tolar loszuwerden, die wir als Wechselgeld an den Mautstellen bekommen hatten. Und dann rollten wir auf die Grenze zu. Eine Grenzbeamtin blätterte in unseren Pässen, gab sie mir wieder und winkte uns durch. Auf der italienischen Seite stand niemand. Es ist der Übergang von einem EU-Staat in den nächsten. Europa hat sich verschoben. Damals war es die Grenze zwischen Sozialismus und Kapitalismus. Als meine Mutter meinen Vater kennenlernte, 1965, war er staatenlos. Sie waren zusammen mit dem Auto nach Zagreb gefahren, um seine Eltern zu besuchen. Auf dem Hinweg hatte an der deutsch-österreichischen Grenze niemand kontrolliert, auf dem Rückweg aber verweigerten die Österreicher meinem Vater ohne Visum die Durchreise. Mein Vater aber hatte keine Lust, nach Zagreb zurückzufahren und sich dort um ein Durchreisevisum zu kümmern. Er und meine Mutter suchten sich ein Hotel, warteten den Schichtwechsel ab. Am nächsten Morgen dann stieg mein Vater in den Kofferraum, meine Mutter setzte sich ans Steuer. Daß der Motor alt sei und nicht mehr anspringe, sollte sie sagen für den Fall, daß der Zöllner einen Blick in den Kofferraum werfen wollte. Das einzige, was er sagte, war: So eine junge Frau ganz allein bei Schnee und Eis. Meine Mutter sagte, daß sie eben eine gute Autofahrerin sei, und mein Vater konnte das Lachen im Kofferraum kaum unterdrücken.

Wir folgten der Straße Richtung Triest. Mein Vater versuchte, sich zu erinnern, aber es kam ihm nichts bekannt vor. Auch als das Hochplateau abrupt in einer Steilküste abbricht und den Blick auf die Stadt freigibt, löst das bei meinem Vater keine Erinnerungen aus. Meine Hoffnung ist gering, er könnte sie wiederfinden, wie manche Menschen ihr Gedächtnis, wenn das Hirn nur den richtigen Reiz empfängt. Wir fahren die Serpentinen hinunter und reihen uns in den Stadtverkehr ein. Bis 1954 gab es den A- und den B-Sektor, den jugoslawischen und den italienischen. Die Italiener behielten das Stadtgebiet, das Umland fiel an Jugoslawien. Als mein Vater 1958 in die Stadt kam, war Triest längst italienisch.

Wir fahren durch Triest, an der Piazza dell' Unità vorbei, am Meer entlang, den Hafen zur Rechten, den Palazzo del Governo zur Linken. Vielleicht erkennt er doch etwas, vielleicht ruft er plötzlich: Hier! Halt! Das kommt mir bekannt vor! Da habe ich immer meinen Espresso getrunken, da drüben in der Werkstatt habe ich gearbeitet. Und dort ist die Pension, in der ich gewohnt habe. Statt dessen ist mein Vater mit seinem Handy beschäftigt. Er sagt: Irgendwas stimmt nicht mit Scheißmailbox.

In der Blütezeit Triests, im 18. Jahrhundert, kamen Einwanderer aus ganz Europa und dem Mitelmeerraum, es war die Stadt mit dem stärksten Bevölkerungswachstum, noch heute sind die Türme der verschiedenen Religionsgemeinschaften zu sehen: die der griechisch-orthodoxen Kirche, der serbisch-orthodoxen, die Synagoge und die der verschiedenen katholischen Kirchen. Ist es Zufall, daß mein Vater nach Triest kam, in die Stadt, in der schon vor ihm so viele Menschen ihr Glück gesucht haben?

Als wir am Ende der Straße ankommen, sagt mein Vater, Junge, hier werden wir nichts finden, laß uns rausfahren aus der Stadt und am Meer ein Zimmer suchen. Ich wende das Auto, und wir fahren zurück. Wo geht man hin, wenn man in einer Stadt ankommt, die man nicht kennt und man kein Geld hat, um sich ein Hotelzimmer zu nehmen? Hat er auf der Straße geschlafen? Wahrscheinlicher ist, daß er eine Bekanntschaft gemacht hat, in einer Kneipe, ein Mann, mit dem er ins Gespräch gekommen ist und der ihm weitergeholfen, ihm eine Bleibe organisiert hat und später dann über den Kumpel eines Kumpels einen Job. Es ist das, was er nie verlernt hat und wofür ich ihn stets bewundert habe, dieses Zurechtfinden in der Fremde. Obwohl: es war mehr, fast schon eine Assimilation im Zeitraffer. Wir zogen von Schweden nach Griechenland, mein Vater war einige Tage vor uns nach Thessaloniki geflogen, er holte meine Mutter und mich am Flughafen ab, es schien, daß jeder ihn kannte, am Zoll wurden wir schon als Familie von Drago begrüßt, Taxifahrer riefen, *Jassu, Drago!* Auf dem Weg ins neue Haus grüßte er im Vorbeifahren den Mann im Kiosk; er kannte den Weg zur Schule, und er kannte die besten Tavernen und tanzte mit den Einheimischen Sirtaki.

Während die meisten Deutschen in Moskau in den Devisenläden einkauften, hatte mein Vater schon nach wenigen Tagen seine Quellen erschlossen, er hatte Serben kennengelernt, die uns Tomaten, Fleisch und sogar Bananen besorgten.

Trotzdem, ich wüßte gern, wie es ihm damals ging, allein in der Stadt, zum erstenmal im Ausland, die Familie verlassen; hatte er Angst? Bereute er die Flucht? Sehnte er sich nach Hause? Keine Ahnung, sagt er, ich erinnere mich an nichts.

Er kann sich erinnern, daß er damals in Italien in einer Werkstatt gearbeitet und Magnetspulen gewickelt hat. Er war der einzige in der Werkstatt, der das konnte. Man hatte ihm einen ganzen Haufen alter Spulen vorgesetzt, den er abarbeiten sollte, und als er alle gewickelt hatte, gab es nichts mehr zu tun für ihn. Er hatte gedacht, das sei in Villafranca di Verona gewesen, aber jetzt hält er es für möglich, daß diese Werkstatt in Triest gewesen sein könnte. Sicher aber ist er sich nicht.

Was ist das Gedächtnis doch für ein seltsames Wesen! Wieso kann sich mein Vater nach fünfundvierzig Jahren an bestimmte Details erinnern, den Namen des Hotels auf Korsika, in dem er zwei Wochen gewohnt hat, an den Namen des kleinen Orts bei Villafranca, der auf keiner Straßenkarte zu finden ist, wieso kann er sich an den Namen des Schrotthändlers erinnern, bei dem er in Martigues gearbeitet hat, und sogar an die genaue Adresse seiner Wohnung in Paris, und wieso sind vier Monate in Triest wie von der Festplatte gelöscht?

Es gibt die Theorie, daß sich die Erinnerungen von Menschen, die auf der Flucht sind, der Verräumlichung nach Art von Häusern, in die man jederzeit wieder zurückkehren könnte, entziehen. Statt dessen würden ambulante Objekte mit Erinnerungen besetzt, die mit jeder körperlichen und mentalen Berührung abrufbar sind. Was erklären würde, warum mein Vater sich an jedes Auto erinnern kann, das er jemals in seinem Leben besessen hat. Er weiß, welches Baujahr der Opel Rekord hatte, mit dem er, kurz vor meiner Geburt, den Unfall hatte, wieviel PS und welche Farbe sein Auto in Martigues hatte und wie der Laster hieß, den er in Villafranca gefahren hat.

Vielleicht fehlte ihm in Triest einfach das Auto.

Wir brauchen eine Weile, bis wir aus der Stadt heraus sind, es herrscht dichter Verkehr, Dutzende von Vespas knattern an uns vorbei. Wir nehmen die Küstenstraße nach Venedig. Wir wollen am Meer übernachten und sind auf der Suche nach einer Bleibe. Ich schaue auf die Karte, suche Ortsnamen in Küstennähe und lande bei Jesolo. Der Ort kommt mir bekannt vor. Jesolo! Ich kann mich nur nicht erinnern, warum er mir bekannt vorkommt.

Was hältst du von Jesolo? frage ich meinen Vater.

Jesolo sagt mir was, sagt mein Vater, ich weiß nur nicht, warum.

Also, Jesolo. Wir fahren von der Autobahn ab, folgen einer Landstraße und halten, kurz vor Jesolo, an einem Tourismusbüro, auf dem Parkplatz einer Tankstelle. Das Büro ist in einer Art Wohnwagen untergebracht, und nachdem wir die paar Stufen hochgestiegen sind, lächelt uns eine hübsche, junge Italienerin an. Sie sitzt hinter einem Tresen und bietet Einblick in ihr reizendes Dekolleté. Sie spricht deutsch. Ein

Hotel mit Pool? fragt sie. Ich schaue meinen Vater an, der sie anschaut.

Papa?

Du entscheidest, sagt er.

Das Zimmer kostet hundertzehn Euro mit Frühstück. Das ist zu viel, denke ich, da wird mein Vater nicht mitspielen.

Hundertzehn Euro die Nacht, sage ich.

Nehmen wir, sagt er.

Die Frau ruft im Hotel an, füllt einen Zettel aus und reicht ihn mir. Es kostet Überwindung, den Blick von ihrem Dekolleté zu lösen.

Wir können gehen, sage ich zu meinem Vater.

Ich halte ihm die Tür auf.

Papa?

Nach dir, sagt er.

Nein, sage ich, nach dir.

Komm, sagt er, mach nicht so'n Zirkus.

Sie lächelt freundlich. Vater und Sohn, die sich gegenseitig hinauskomplimentieren.

Du weißt, sagt er, ich und Treppensteigen, das dauert.

Ich habe Zeit.

Heiße Mama, was? sage ich, als wir im Auto sitzen. Heiße Mama, das hat mein Vater früher immer gesagt, wenn eine hübsche Frau vorbeilief. Junge, sagt er, die Zeiten sind vorbei. Was folgt, glaube ich zu wissen, daß er nicht mehr so jung und knusprig ist, daß sich früher die Frauen nach ihm zerrissen haben, aber als Krüppel? – er aber sagt: Die Zeiten sind vorbei, vergiß nicht, du hast Frau und Kinder zu Hause.

Als wir an den ersten Hotels vorbeifahren, lange bevor das Meer zu sehen ist, wird mir klar, warum mir Jesolo bekannt vorkam. Jesolo ist der Teutonengrill, einer dieser Orte, die im Fernsehen gezeigt werden und die man anschließend großräumig umfahren möchte. Mein Vater sagt, er habe schon viel gesehen in seinem Leben, aber noch nie so viele Liegestühle auf so engem Raum. Und so viele Restaurants, Läden und Bars entlang einer Straße.

Mein Vater ist viel gereist in seinem Leben, der Job bei der Lufthansa ermöglichte ihm und seiner Familie, billig zu fliegen. Die Hochzeitsreise hat er mit meiner Mutter in Paris verbracht, sie waren zusammen in Amsterdam, später, kurz nach meiner Geburt, auf Gran Canaria. Wir waren in Jordanien, Indien, Japan, in Tunesien, den USA, er hat vermutlich mehr von der Welt gesehen, als er sich als Jugendlicher erträumt hat. Reisen sind für ihn auch immer das geblieben, was seine erste große Reise für ihn war: eine Fahrt ins Ungewisse. Natürlich war das Geld da, um sich ein Hotelzimmer zu nehmen, auch einen Mietwagen, aber er wollte nie vorher buchen, er hat keine Kataloge gewälzt und hat nie ein Reisebüro besucht, wir sind einfach los; wir werden schon was finden, hat mein Vater gesagt, und wir haben auch immer was gefunden, und Orte wie Jesolo haben wir immer gemieden.

Das Meer sehen wir vom Balkon unseres Zimmers nur als schmalen Streifen zwischen den vielen mehrstöckigen Hotels. Wenn ich mich streckte, könnte ich das Geländer des gegenüberliegenden Balkons berühren.

Mein Vater hält sich tapfer. Er verliert kein Wort über die hundertzehn Ewro. Obwohl er bestimmt die vergangenen zwanzig Jahre nie so viel Geld für eine Übernachtung ausgegeben hat. Meine Mutter hätte für die nächsten Jahre etwas zu erzählen. Das kannst du dir nicht vorstellen, Hotel an Hotel, und teuer wie die Apotheke, für das Geld hätten wir in Kroatien eine Woche lang wohnen können. Dafür nutzt mein Vater das Angebot, er sitzt fast eine Stunde im Pool und lädt sich viermal am Buffet den Teller auf.

Abends in der Pizzeria bestelle ich mir einen Salat, dazu Pasta, er ein Schnitzel. Die Oliven und die Speckknorpel, die ich nicht esse, ißt er, anschließend wischt er den Teller mit

Brot sauber, und die Packung Kekse, die im Brotkorb liegt, ißt er auch noch. Und nachdem die Teller schon abgeräumt sind, sammelt er die Brotkrümel von der Tischdecke, indem er seinen Daumen befeuchtet und sie aufdrückt.

Er sieht meinen Blick. Wofür man bezahlt, ißt man auch, sagt er.

Beim ihm ist das zwanghaft. Er ißt Joghurt, dessen Haltbarkeitsdatum längst überschritten ist, Obst, das stellenweise fault, jedes noch so harte Stück Brot. Eßbares kann er nicht wegwerfen, wie alt es auch sein mag. Meine Mutter ist nicht anders, den ganzen Tag läßt sie die Tasse mit dem Rest Kaffee stehen, den man am Morgen nicht getrunken hat, sie steht dann in der Küche wie ein Mahnmal des schlechten Gewissens. Nirgends sonst prallen unsere verschiedenen Lebensweisen so aufeinander wie beim Essen. Was ist damit? fragt mein Vater, wenn ich einen Rest von was auch immer auf dem Teller lasse. Das kann man auch essen, sagt er und piekt es mit seiner Gabel auf. Meine Mutter sagte manchmal: Was machst du bloß, wenn die Zeiten mal schlechter sind. Dann verhungerst du. Mein Vater sagte: Dann wird er schon essen, was da ist. Und ich fand es immer absurd, sich in guten Zeiten auf die schlechten vorzubereiten. Warum soll ich etwas essen, was mir nicht schmeckt? Weil es so viele Menschen gibt, die froh wären, wenn sie zu essen hätten? Aber was haben sie davon, wenn ich alte Birnen esse? Warum ärgere ich mich, wenn mein Vater den letzten Krümel vom Tisch ißt? Es ist wohl das Zwanghafte, diese Unfähigkeit zu akzeptieren, daß sich die Zeiten geändert haben, daß er es nicht mehr nötig hat, den Schimmel vom Brot zu kratzen – und diese Tatsache einfach zu genießen, sich zu sagen: Gerade weil ich schlechte Zeiten erlebt habe, lasse ich es mir jetzt gutgehen. Schließlich habe ich es mir verdient. Die Prägung aber sitzt viel zu tief. Wenn wir mal essen gehen, dann heißt es hinterher nicht, das hat aber gut geschmeckt, sondern: Für das Geld war das aber eine reelle Portion. Für Bio-Produkte haben meine Eltern kein Verständnis, glaub mal nicht, daß das Fleisch besser ist, nur weil es Bio sein soll, das kann doch eh keiner kontrollieren, wo das Fleisch herkommt. Dieses Nichtgenießenkönnen geht einher mit einer Sparsamkeit, die sie auch nicht nötig hätten. Ich kaufe doch keine Hose für fünfzig Ewro, bin ich verrückt? Scheißt mir einer Geld? Junge, ich habe hart für alles gearbeitet, niemand hat mir etwas geschenkt. Und deshalb trägt er Hosen für neun Ewro neunzig. Letztlich tut er es auch für mich, weil es mir nur so gutgeht, weil er sein Leben lang gespart hat. Und das stimmt vermutlich sogar.

Ähnlich wie mit der Ordentlichkeit weicht mein Vater, was sein Eß- und Sparverhalten angeht, vom Ur-Ljubić ab. Ivana kocht solche Mengen, daß sie gar nicht aufgegessen werden können, und sie hat kein Problem damit, die Reste ins Klo zu kippen. Und groß gespart hat in der Familie – außer meinem Vater – niemand. Hat ihn die Erfahrung auf der Flucht geprägt, als er tagelang hungerte?

Zumindest das Sparen hat er während dieser Zeit gelernt. Milan, sein Bruder, hatte ihm geraten, jeden Monat hundert Franc beiseite zu legen. Du weißt nie, was noch kommt, hatte er gesagt. Bis dahin hatte mein Vater alles ausgegeben, was er verdiente. Sagt er, und ich kann es kaum glauben.

# Villafranca di Verona

*Dieser Italiener, Kaneluti oder wie er heißte, hat gefragt, ob ich wegwill. Da war ich noch Lehrling bei Gluhak. Hat gesagt, hat Freund in Villafranca, zu dem soll ich gehen. Er hat Adresse aufgeschrieben. Ich habe mich in Zug nach Villafranca gesetzt, ich dachte, ich bin direkt von Grenze gefahren, aber ich bin wohl von Triest gefahren. Der Mann hatte Schuhladen, modernen Schuhladen, um Schaufenster herum war Aluminium, teure Schuhe lagen aus, der Laden war an einem Platz, da war mitten auf Straße eine kleine Statue, vielleicht ein Meter hoch, da in der Nähe habe ich immer in Bar meinen Espresso getrunken, und einmal kam ein Ferrari vorbei, der drehte ein paar Runden um die Statue, ein Carabiniere hat ihn angehalten und ihm Strafzettel verpaßt. Der Fahrer gab Gas, mit quietschenden Reifen, und hat Strafzettel aus Fenster geworfen. Das weiß ich noch wie heute.*

*Der Schuhverkäufer hat mich zu sich genommen, hat mir Zimmer gegeben. Er hatte kleinen Lastwagen, ist aufs Land gefahren und hat Käse bei Bauern gekauft, große Käse, hatte eine Art großen Korkenzieher und hat ihn immer in Käse gedreht und ein Stück herausgezogen und dann getestet, ob gut ist. Ich konnte kein Italienisch, aber haben uns irgendwie verstanden. Mit Hand und Fuß. Wie lange ich bei ihm war? Eine Woche vielleicht, und dann hat er mich zu Freund geschickt, der war Advokat und konnte Russisch. Ich hatte in der Schule Russisch. Der hat telefoniert und mich dann nach Pizzoletta geschickt zu Freund, der Lastwagen hatte. Ich hatte internationalen Führerschein, auch für Lastwagen, den hat*

*Gluhak besorgt. Ich habe Motorradführerschein gemacht und bin zu Polizei, um abzuholen, da war dort Auto eingetragen. Ich nach Hause und einen Tag später wiedergekommen, habe gesagt, habe Motorradprüfung abgelegt, die haben nachgeguckt und gesagt, ja, stimmt und mir noch Motorrad eingetragen. So hatte ich Führerschein für Auto und Motorrad. Dann ist Gluhak noch mal hingegangen und hat noch Führerschein für LKW besorgt, wie er das gemacht hat, weiß ich nicht. Ich bin mit Lastwagen durch ganz Norditalien gefahren, haben hauptsächlich Eisen geladen und in die Fiat-Fabrik gefahren. Das war ein nagelneuer Lastwagen, ganz in Rot, war das Modernste vom Modernen, so was gab es weit und breit nicht, ein Fiat 642N2 mit Anhänger. Der hat damals bestimmt Vermögen gekostet. Wir sollten immer Landstraße fahren, und er hat Wagen immer um einige Tonnen überladen. Er hat mir vor jeder Fahrt Fünfzigtausendlireschein in Hand gedrückt, ich weiß noch, weil Scheine so große Lappen waren, mit zwei konntest du dich zudecken. Das Geld sollte ich Polizisten geben, wenn ich angehalten werde. War Schmiergeld. Es muß sich gelohnt haben, diese paar Tonnen, die wir zu viel geladen haben. Wenn mich keiner angehalten hat, durfte ich fünfzigtausend behalten. Da war er sehr kulant, da kann man nichts sagen. Er war sehr freundlich, hat mich immer gut behandelt. Wenn ich nachts spät zurückkam, habe ich vorne im LKW geschlafen, da war ein kleines Bett hinter den Sitzen, eine Couchette. Fünf, sechs Wochen war ich da, dann an einem Morgen wache ich auf und sehe zwei Carabinieri vom Hof gehen. Kurz darauf kam Mann und sagte, die haben geklingelt, die haben mitgekriegt, daß ein Illegaler hier arbeitet. Jemand hat mich wohl verpfiffen. Du mußt weg, hat er gesagt. Und am gleichen Tag hat mich ein anderer Fahrer mitgenommen, hat mich in San Remo rausgelassen und bin zu Fuß zur französischen Grenze gelaufen.*

Villafranca liegt südwestlich von Verona, fünfundzwanzigtausend Einwohner, ein Städtchen, das einzig dadurch bekannt ist, daß hier, 1859, der Vorfrieden zwischen Österreich, Frankreich und Sardinien geschlossen wurde. Villafranca ist ein Ort wie so viele, durch die man im Leben fährt, ohne sich später an sie erinnern zu können. Da ist die Festung, der Dom, ein paar Straßenzüge mit zweistöckigen, alten Häusern, das Ganze wirkt ein bißchen wie eine Filmkulisse eines Fünfzigerjahrefilms, aber um das zu entdecken,

muß man den Weg ins Zentrum finden, das Drumherum, die Peripherie, die man von der Straße aus sieht, hat man schnell hinter sich gelassen, die Straße führt an einigen Neubauten vorbei, macht eine Biegung, und schon hat man das Ortsende erreicht. Den einzigen Anhaltspunkt, den wir aus der Erzählung meines Vaters haben, ist diese kleine Statue, die mitten auf der Straße stand. Der Ort ist klein genug, um sie zu finden. Wir müssen nur systematisch die paar Längs- und Querstraßen abfahren, dann werden wir früher oder später auf diese Statue stoßen.

Mein Vater sieht hinaus, folgt konzentriert dem Verlauf der Straßen, blickt nach rechts und links, was denkt er? Sieht er sich in dieser Stadt? Denkt er an die Tage, die er hier verbracht hat? Vom Alltag weiß ich nicht viel, nur daß er täglich in einer Bar seinen Espresso getrunken hat, am Tresen stehend; in einer ersten Version war auch Kanarinac dabei, der die Tage, von morgens bis abends, in den Bars verbracht haben soll, während mein Vater gearbeitet hat. Aber Kanarinac ist erst nach ihm geflüchtet, er war der Dritte in der Reihe. Mein Vater kann kein Fremder geblieben sein in so einer Stadt, von einem der Hiesigen aufgenommen, wer jeden Tag in derselben Bar am Tresen steht, kommt ins Gespräch, vor allem wenn derjenige so wenig scheu ist, wie mein Vater es war. Sie sind freundlich gewesen zu ihm, alle, das betont er immer wieder, er hat keine schlechten Erfahrungen gemacht, immer hat sich jemand gefunden, der ihm geholfen hat – ist es eine Verklärung im nachhinein? Oder war es einfach eine andere Zeit, damals, weil Menschen wie mein Vater noch Exoten waren und man Verständnis hatte für jeden, der dem Sozialismus entflohen war und sein Glück in der freien Welt suchte?

Die Statue ist nicht zu finden, wir sind den ganzen Ort abgefahren, jede noch so kleine Straße. Die einzige Säule steht auf dem Platz neben dem Dom. An der Piazza Giovanni XXIII. Ein Denkmal für die Kriegsopfer, zumindest schließe ich das aus den Jahreszahlen, die eingraviert sind. 24 Maggio 15 – 4 Novembre 18 E Giugno 1940 – Aprile 1945.

Gegenüber der Säule entdecke ich einen kleinen Zeitungsladen. Der alte Mann spricht nur Italienisch, er ruft seinen Sohn aus dem Keller. Er versteht Englisch. Ich erzähle ihm von meinem Vater, der vor sechsundvierzig Jahren in Villafranca war, ich zeige ihm eine der Postkarten mit dem Stempel: Villafranca di Verona, 1959. Ich frage, ob es in diesem Ort noch andere Statuen gibt. *Only this*, sagt er und zeigt auf das Denkmal. Ob es früher noch eine andere gab, weiß er nicht, er ist erst Mitte Dreißig. Er fragt seinen Vater. Aber der alte Mann schüttelt den Kopf. Ich frage nach einem Telefonbuch, ich suche unter C und K, aber es gibt keinen Hinweis auf einen Caneluti oder Kaneluti.

Das ist die einzige Statue, sage ich, als ich wieder im Auto sitze. Bist du sicher, daß es die nicht ist?

Die, die ich meine, sagt mein Vater, war kleiner, viel kleiner. Höchstens so hoch. Und er zeigt mit der Hand die Höhe an. Etwa einen Meter.

Wir setzen uns in ein Café. Wir blicken auf die alte Festung am Ende der Straße. Der Dom, diese prägnante Festung, beides sagt ihm nichts. Allein diese kleine Statue ist ihm in Erinnerung geblieben. Das Gedächtnis, das komische Wesen.

Mich überkommen Zweifel, Zweifel am Sinn unserer Reise. Wir sitzen im Café, mein Vater hat den Stadtplan vor sich ausgebreitet, den der alte Zeitungsverkäufer mir mitgegeben hat, und ich denke darüber nach, was wäre, wenn am Ende alles umsonst sein sollte, weil fünfundvierzig Jahre eine lange Zeit sind, Städte sich verändern und Menschen sterben? Vor der Reise habe ich darüber nicht nachgedacht. Aber es kann sein, daß wir von einem Ort zum nächsten fahren und mein Vater nichts wiederfindet. Zagreb war die einzig sichere Station, weil klar war, wen wir treffen würden. Werden wir fünftausend Kilometer fahren, ohne seiner Vergangenheit näherzukommen? Wird am Ende nichts bleiben außer seinen Geschichten? Werden meine anfänglichen Zweifel noch größer, wenn wir keinen Fuhrunternehmer in Pizzoletta finden, kein Hotel Le Vallon auf Korsika, keine Schlachterei in Martigues? Er hat es zu Beginn schon gesagt, wer weiß, hatte er noch im Auto vor Zagreb gesagt, wer weiß, was ich noch finde, das ist alles mehr als fünfundvierzig Jahre her. Was, wenn er recht behält? Dann wird es eine Geschichte des Scheiterns, eine Geschichte von der Unmöglichkeit, der Vergangenheit zu begegnen. Das Schlimmste aber: die Skepsis bliebe. Wie stünde mein Vater dann da? Als Mann, dem die Phantasie durchgegangen ist? Als Schelm?

Und ich? Wäre ich der naive Mensch, der geglaubt hat, die Welt vorzufinden, wie sie vor fünfundvierzig Jahren war, eine konservierte Welt, ausgerechnet in einer Zeit des kollektiven Gedächtnisschwunds?

Außer seiner Erinnerung haben wir zwei Karten, die den Poststempel von Villafranca tragen. Die erste vom 17. Februar 1959.

Alle meine Lieben! Viele Grüße an alle! Schwesterchen, schreib Deinem Bruder. Ivo, wie läuft es mit dem Angeln? Wenn Du ein Moped möchtest, schreib mir. Branko und Goga, der Onkel liebt Euch sehr. Drago.

Branko und Goga, das sind Branko und Gordana, Neffe und Nichte, die damals vier und zwei Jahre alt waren. Ivo, sein Schwager, war zeitlebens ein leidenschaftlicher Angler. So ist zu erklären, weshalb die meisten Postkarten Anglermotive haben. Von Ivo heißt es, daß er manchmal bis drei Uhr morgens am Fluß saß und angelte. Obwohl er selbst keinen Fisch aß, weil er Fisch nicht mochte. Das mit dem Moped, war das ernst gemeint? Wie hätte er sich ein Moped leisten können? Es kann zudem nicht die erste Karte aus Villafranca gewesen sein, Ivana war offensichtlich schon im Besitz seiner Adresse, wie sollte sie ihm sonst schreiben?

Die zweite Karte trägt den Stempel vom 26. Februar 1959.

Meine Lieben! Ich habe soeben Euren Brief erhalten, und ich freue mich sehr darüber. Viele Küsse an die Kinder, und ich komme Ende Juni zurück. Ivek habe ich sofort übersetzt, weil ich schon viel, viel mehr weiß, und hier die Antwort. Schickt ein Wörterbuch.

Darunter sind zwei Zeilen auf Italienisch geschrieben: Lieber Ivo, schreibe Dir, die Frauen in Italien sind sehr schön, und ich habe eine sehr schöne Freundin mit schwarzen Augen und Haaren.

Diese zweite Karte irritiert meinen Vater. Welche Freundin? Wieso schrieb er, daß er Ende Juni zurückkäme? Wieso wollte er zurück? Wieso Ende Juni? Hätte er Schwierigkeiten gehabt oder Heimweh, er hätte nicht bis Ende Juni warten müssen. Er war illegal in Italien, hatte keinen Arbeitsvertrag und keine Kündigungsfrist. Wieso bloß Ende Juni? Und wieso ist er dann doch nicht zurückgegangen? Er weiß es nicht. Ich weiß es wirklich nicht, wie sollte ich es auch wissen, sagt er, ist fünfundvierzig Jahre her.

Was bleibt uns? Wir haben keine Adresse, einen Schuhladen gibt es nicht, zumindest nicht dort, wo mein Vater ihn in Erinnerung hat, in der Nähe der Statue, wir können einzig die paar Kilometer nach Pizzoletta fahren und hoffen, daß wir dort ein Fuhrunternehmen finden. Aber Hoffnung habe ich nicht.

Pizzoletta ist ein Ort, der auf kaum einer Karte verzeichnet ist, zwei Kilometer von Villafranca entfernt, ein paar Häuser entlang der Hauptstraße. Auf der rechten Seite soll der Mann gewohnt haben, bei dem mein Vater gelebt und für den er Eisen durch Italien gefahren hat, auf der rechten Seite, kurz nach dem Ortsschild. Keines der Häuser aber deutet darauf hin, daß es mal Sitz eines Fuhrunternehmens war. Es sind Wohnhäuser, manche umzäunt und frei stehend, andere in Reihe nebeneinander. Die Laster, sagt mein Vater, haben wir immer vor dem Haus geparkt. Aber vor welchem?

Unsere letzte Möglichkeit: das Rathaus. Wir fahren zurück nach Villafranca. Es ist kurz vor Mittag. Ich versuche, der Empfangsdame zu erklären, daß ich Hilfe brauche bei der Suche nach einem Mann, dessen Namen ich nicht kenne und der 1959 in Pizzoletta ein Fuhrunternehmen besaß. Sie zuckt mit den Schultern. *Camionetta*, sage ich, *grande macchina*. Sie versteht mich nicht. Ich male einen Lastwagen auf ein Stück Papier. *Camionetta*, sagt sie und sieht mich fragend an. Sie greift zum Telefon, spricht mit jemandem und zeigt dann auf eine Tür. *Signora*, sagt sie, *inglese*. Ich betrete das Büro der Signora, sie winkt mich zu sich. Ich zeige ihr meine Zeichnung und erkläre ihr mein Anliegen. Pizzoletta, sagt sie, *before fortyfive years*? Die Signora, perfekt geschminkt, mit onduliertem Haar, wird unsere Rettung. Von Ehrgeiz und Hilfsbereitschaft getrieben, führt sie ein Telefonat nach dem anderen, läßt sich hin und her verbinden, notiert sich eine Reihe von Namen, die sie von Zeit zu Zeit wieder durchstreicht, zwischendurch nickt sie mir aufmunternd zu und präsentiert mir nach einem vierzigminütigen Telefonmarathon stolz das Ergebnis: eine Nummer und einen Namen. Nicolis. Sie zeigt auf ein Haus, schräg gegenüber.

Mein Vater hat währenddessen das Auto aufgeräumt, den Müll weggebracht und sich in ein Café gesetzt.

*Si?* fragt eine Stimme, nachdem ich auf den Klingelknopf drücke.

*Camionetta*, Pizzoletta, *do you speak english or* deutsch?

Kommen Sie mal hoch, sagt sie.

Frau Nicolis bittet mich in die Wohnung. Sie ist Deutsche, hat vor vielen Jahren einen Italiener aus Villafranca geheiratet. Ich erzähle ihr von meinem Vater, vom Fuhrunternehmer aus Pizzoletta, und sie sagt, ein Verwandter ihres Mannes sei der Sohn eines Mannes, dem früher ein Fuhrunternehmen in Pizzoletta gehört habe. Das muß Romeo gewesen sein, sagt sie, Romeo de Bortoli. Die ganze Familie war, wie es scheint, im Fuhrgeschäft. Auch Fabio und Rinaldo haben Lastwagen besessen, aber sie haben ausschließlich Vieh transportiert. Romeo war der Cousin von Fabio und Rinaldo. Frau Nicolis bittet mich, am Abend wiederzukommen, sie will in der Zwischenzeit versuchen, jemanden von den de Bortolis zu erreichen.

Es scheint, daß wir ihn gefunden haben, den Mann, der meinem Vater geholfen, der ihn aufgenommen und ihm Arbeit verschafft hat. Man braucht auch Glück im Leben, lieber ohne Nase als ohne Glück, hat mein Vater immer gesagt, aber das war vor seiner Krankheit.

Romeo de Bortoli heißt der Mann, sage ich zu meinem Vater in der Hoffnung, er könne sich vielleicht an den Namen erinnern.

Romeo de Bortoli? Kann sein, sagt er, ich weiß es nicht.

Wir sollen später wiederkommen, sage ich.

Es ist früh am Nachmittag, insgeheim hatte mein Vater gehofft, heute noch weiterfahren zu können. Auch wenn er es nicht sagen würde, ich denke, er vermißt seinen Alltag. Sechs Tage sind wir unterwegs, die nichts Verläßliches im Ablauf haben. Anders als seine Tage zu Hause. Um acht springt der Radiowecker an, das Zeichen, daß er noch eine halbe Stunde im Bett bleiben kann, er muß sich die Kleider nicht selbst aus dem Koffer suchen, sie liegen bereit, wenn er die Treppe herunterkommt, um neun setzt er sich an den gedeckten Küchentisch, er schaltet den kleinen Weltempfänger an, der auf der Fensterbank steht und auf NDR1 eingestellt ist, die Niedersachsenwelle mit Nachrichten aus dem Umland, vom Unfall mit Blechschaden auf der B6 und dem Bauern, dem über Nacht die Hühner gestorben sind. Meine Mutter räumt ab, dann drehen sie zusammen ihre Runde. Einmal um die Siedlung, eine Strecke, die sie in all den Jahren tausendmal gegangen sind. Gegen eins gibt es Mittagessen. Nachmittags läuft dann der Fernseher, und er lebt mit, wenn Richterin Salesch Klage erhebt, dann ruft er, natürlich hat sie ihn betrogen, die lügt, die dumme Kuh, wie kann man nur so blöd sein? Zweimal die Woche, wenn die Anzeigenblätter im Briefkasten liegen, studiert er die Angebote mit einer Sorgfalt, wie andere sie für den Politikteil verwenden. Abends dann sitzen sie zusammen vor dem Fernseher, außer sonntags, wenn meine Mutter Christiansen sehen will und mein Vater ins andere Zimmer flüchtet, wo ein zweiter Fernseher steht. Diese Scheißpalaver, sagt er, kann ich nicht ab. Gegen elf geht er ins Bett, schnallt sich seine Maske um und versucht zu schlafen.

Mein Vater beschwert sich nicht, es ist nur sein Gesichtsausdruck, der wenig Begeisterung widerspiegelt. Es strapaziert ihn. Wie er die Unwägbarkeiten der Reise erträgt, die Tage, an denen wir erst um Mitternacht ein Hotel finden, die Tage, an denen wir nicht zum Mittagessen kommen, berührt mich zutiefst. Weil er es für mich tut, ohne mich hätte er diese Reise niemals unternommen. Und weil es so deutlich zeigt, daß er älter geworden ist und nicht mehr der Grizzly von früher ist. Als er mich noch oft gefragt hat, ob ich Mann oder Memme sei, wenn er in mein ängstliches Gesicht blickte, weil er mir mit Messer und Pinzette einen Splitter aus dem Fuß operieren wollte, wenn er mir einen Stromprüfer in die Hand drückte und mein Zögern sah. Mann oder Memme, das war die Frage. Noch heute mutet es ihn seltsam an, wenn er zu Besuch ist und ich Salat mache, Essen koche und den Tisch abräume. Mein Sohn ist eine richtige Hausfrau geworden, sagt er dann. Daß ich darüber hinaus zur Generation der Sitzpinkler gehöre, habe ich ihm verschwiegen.

Die Krankheit hat sein Selbstbild verändert. Mein Vater sieht sich als Krüppel, weil er nicht mehr arbeiten kann, weil ihm schwindelig wird, wenn er eine Lampe aufhängen soll, weil er nicht mehr Auto fahren kann. Der Kopfschmerzen wegen verbringt er ganze Tage mit einem kühlen Waschlappen auf der Stirn, ohne Stock droht er bei jedem Schritt sein Gleichgewicht zu verlieren, und selbst trinken kann er nicht mehr wie früher, der Alkohol setzt ihm viel schneller zu. Manchmal scheint es mir, als habe er die Achtung vor sich selbst verloren.

Hundert Euro kostet das Zimmer, und dieses Mal nimmt es mein Vater nicht so klaglos hin. Die Fenster lassen sich nicht öffnen, die Steckdosen funktionieren nicht, und die

Tapeten werfen Wellen. Die kleine Pension, bei der wir es zuerst versucht haben, war ausgebucht, es blieb nur das Hotel am Ortsrand, ein mehrstöckiges Gebäude, dessen Inneneinrichtung stark an das eine oder andere Hotel in Bukarest oder Sofia erinnert. Mein Vater schläft, bevor wir am frühen Abend gemeinsam mit Frau Nicolis nach Pizzoletta fahren. Sie hat die Tochter von Romeo erreicht, sie erwartet uns im Haus ihrer Eltern.

Via Piave, an dem Haus sind wir heute vormittag vorbeigefahren, es ist eines in einer Reihe von drei Häusern.

Federica de Bortoli bittet uns in Haus ihrer Mutter, die für ein paar Tage ans Meer gefahren ist. Sie hat mit ihr telefoniert, ihr von meinem Vater erzählt, vom Lastwagen, und zumindest an den konnte sich die Mutter erinnern, Fiat 642N2, in Rot. Mein Vater hatte recht. Federica hat Fotos herausgesucht von ihrem Vater und eines vom Lastwagen. Mein Vater

betrachtet das Foto. Das ist er, sagt er. An Romeo, ganz links, kann er sich nicht erinnern.

Der 642N2 war der erste Lastwagen der Mittelgewichtsklasse, 6650 Kubikzentimeter, 92 PS, er besaß eine Achtgangschaltung, das Lenkrad, wie bei jedem Fiat-Lastwagen vor 1975, war rechts, fünftausend Kilo konnten geladen werden, und die Höchstgeschwindigkeit betrug zweiundsechzig Kilometer pro Stunde.

Federica sagt: Meine Mutter hat erzählt, der Wagen sei ganz neu gewesen. So einen Lastwagen gab es in der ganzen Gegend nicht, sagt mein Vater.

Federica war damals, 1959, noch nicht geboren, damals lebte ihr Vater mit seiner Mutter und einer Schwester in diesem Haus. 1960 hat er geheiratet. Und vor wenigen Jahren ist er gestorben.

Mein Vater hatte sich immer so sehr einen Sohn gewünscht, der sein Unternehmen fortführt, sagt die Tochter.

Er war ein netter Mann, sagt mein Vater, er war sehr freundlich zu mir. Und immer korrekt. Er erzählt von den Fünfzigtausendlirescheinen.

Was ich nicht verstehe: Wieso vertraut jemand seinen neuen Lastwagen, auf den er so stolz ist, einem Neunzehnjährigen an, der weder italienisch spricht noch sich auskennt? Wieso ließ dieser Mann dich fahren? frage ich.

Mein Vater schaut mich an. Traust mir wohl nichts zu, sagt er. Denkst wohl, bin immer Krüppel gewesen. Hat mich wohl gemocht, was weiß ich.

Mein Vater muß so anders gewesen sein, als ich es jemals war. Einen neuen Lastwagen mit Anhänger durch ein fremdes Land zu steuern, dessen Sprache ich nicht kenne, illegal, und ohne jemals zuvor einen Lastwagen gefahren zu haben – ich hätte mir tausend Gedanken gemacht. Was wäre, wenn ich einen Unfall baue? Wenn die Polizei sich mal nicht mit den fünfzigtausend Lire zufriedengibt? Wenn sie einen Ausweis sehen will?

Manchmal denke ich, es ist der Wohlstand, der nicht nur bequem, sondern auch ängstlich macht und dem Leben das Abenteuerliche nimmt. Mann oder Memme? Grizzly oder *zeko*, der Hase, so nannte mich mein Vater immer. Vielleicht liegt darin auch der Grund für meine Skepsis seinen Geschichten gegenüber. Vielleicht ist es der Kampf des Hasen gegen den Grizzly. Was blieb mir anderes, als an seinen Geschichten zu zweifeln, wenn er Motorradrennen fuhr und ich mich kaum auf ein Mofa traute. Wenn er Bäume ausriß und mir jeder gefällte leid tut. Wenn er mit neunzehn in die Welt zog, ohne Geld, ohne Paß, und von mir eine Banklehre erwartete.

Mein Vater war im Gegensatz zu mir ein Draufgänger. Eine Nachbarin meiner Großeltern in Zagreb erzählte, daß mein Vater sie, die damals einige Jahre älter war als er und die beste Freundin von Ivana, in den Beiwagen seines Motorrads gesetzt hätte und mit ihr durch ein Weizenfeld gerast sei. Danach hatte sie zerkratzte Arme und ein zerschundenes Gesicht. Ich kann mich erinnern, daß er mal einer Frau zum Abschied so fest die Hand gedrückt hat, daß ihre Fingerknöchel knacksten und ihr die Tränen in die Augen schossen. Es war gar nicht seine Absicht gewesen, es war einfach seine Kraft, die er nie zu bändigen wußte.

Federica bietet meinem Vater einen Stuhl an, aber er will nicht, bleibt lieber auf seinen Stock gestützt stehen. Auf dem Tisch liegen die alten Fotos, er betrachtet eines nach dem anderen. Ein wenig wirkt er abwesend. Federica fragt, ob wir etwas trinken wollen, mein Vater reagiert nicht, erst als sie die Frage wiederholt, schüttelt er den Kopf. Ein Dutzend Fotos liegen auf dem Tisch, aber der Lastwagen bleibt das einzige, was er wiedererkennt. Romeo hat er nicht erkannt. Auch keinen der anderen Männer. Das Haus auch nicht. Obwohl es schon damals den de Bortolis gehörte.

Zwei Monate hat er hier verbracht, von Februar bis April 1959, er hat mit der Familie gelebt, sie hat ihn, den Fremden, aufgenommen, und wäre die Polizei nicht gekommen, wer weiß, vielleicht wäre er sogar geblieben. Ich frage mich – ein junger Mann steht vor meiner Tür, er spricht kein Deutsch, er hat keine Papiere, nur einen Zettel mit meiner Telefonnummer in der Hand –, würde ich ihn aufnehmen? Würde mein Vater ihn aufnehmen?

Federica schaut meinen Vater an. Wissen Sie, sagt sie, Sie erinnern mich an meinen Vater, der war auch so kräftig wie Sie.

Er sagt: Ihr Vater war ein guter Mensch.

Sie gibt uns das Foto vom Lastwagen mit, wir wollen uns von einem Fotografen in Villafranca einen Abzug machen lassen. Wir bedanken uns. Auf dem Rückweg erzählt mein Vater von dem Schuhhändler, bei dem er als erstes gelandet war. Ja, sagt Frau Nicolis, das Geschäft gab es früher einmal. Aber das hat längst geschlossen. Es sei an dem Platz gewesen, wo der Dom steht, aber früher sah alles ganz anders aus, der Platz wurde umgebaut.

Der Laden des Fotografen ist in einem Hinterhof. Ein kleiner Laden voller Fotos. An den Wänden hängen Bilder von Villafranca, Bilder aus der Jahrhundertwende, aus den Dreißigern und Vierzigern.

Da, ruft mein Vater plötzlich, da ist sie. Und er zeigt auf ein gerahmtes Foto, auf dem die Kreuzung vor dem Dom zu sehen ist. Mitten auf der Straße steht ein kleiner Pfeiler. Er hat mal wieder recht behalten. Auch wenn es eher ein Poller ist als eine Statue.

Am nächsten Morgen machen wir uns auf den Weg nach Livorno, um dort die Fähre nach Korsika zu nehmen. In der Chronologie seiner Fluchtgeschichte kommt Korsika zu früh, auf Korsika war mein Vater im März 1960, zu der Zeit hatte er schon in Martigues gelebt. Chronologisch gesehen müßten wir erst nach Martigues, aber ich möchte uns, vor allem meinem Vater, eine achtstündige Überfahrt ersparen. Ich weiß nicht, wie sein Gleichgewichtsorgan auf Seegang reagiert, auf das Schwanken eines Schiffs. Ich möchte nicht, daß er seekrank wird und dann acht Stunden leidend in der Kabine liegt. Von Livorno dauert die Überfahrt nach Bastia vier Stunden, es ist die kürzeste Fährverbindung.

Im Reisebüro erfahre ich, daß die nächste für uns erreichbare Fähre erst am nächsten Tag geht. Ich kaufe Tickets und buche vorsichtshalber eine Kabine, damit mein Vater seine Ruhe hat, falls er sie brauchen sollte.

Die Autobahn führt uns an Bologna, Florenz und Pisa vorbei. Wir durchqueren die bergige Emilia-Romagna, die hügelige Toskana, Eindruck macht meinem Vater aber einzig der Autogrill, an dem wir kurz nach Bologna halten. Der Anblick auf die vielen Schinkenkeulen und Salamis in allen Größen. So was habe ich noch nicht gesehen, sagt er Tage später noch.

In Pisa fahren wir von der Autobahn ab, weil ich meinem Vater den Schiefen Turm zeigen möchte, den er aber nur aus gebührendem Abstand betrachten kann, ohne daß ihm schwindlig wird, was weniger am Turm liegt als vielmehr eine Folge seiner Operation ist. Hochschauen im allgemeinen löst Schwindel in ihm aus, deswegen kann er auch keine Lampen mehr aufhängen, und deswegen schaut er sich auch keine Kirchen mehr an. In Kirchen wird ihm jedesmal schlecht.

Wir essen in einem der Restaurants mit Blick auf den Turm, zahlen entsprechend und machen uns wieder auf den Weg. Mein Vater möchte vor Anbruch der Dunkelheit in Livorno sein, er möchte, daß wir den Weg zur Fähre abfahren, damit wir am nächsten Morgen nicht suchen müssen und womöglich die Fähre verpassen. Er möchte rechtzeitig ein Hotel gefunden haben und noch mal tanken.

Du wirst ja Mama immer ähnlicher, sage ich.

Siehst du, sagt er, soweit ist es schon.

Wir finden die Ablegestelle, wir tanken und finden anschließend auch noch ein Hotel für sechzig Euro, ein dunkles Zimmer mit zwei Betten, ebenerdig, ohne Frühstück. Es ist acht Uhr, als mein Vater einschläft. Kurz darauf ist schon das gleichmäßige Rauschen seiner Pussarette zu hören. An die kleinen Aussetzer habe ich mich, nach sechs Nächten mit ihm, gewöhnt.

Die Überfahrt verläuft ohne Komplikationen. Wir erreichen rechtzeitig die Fähre, das Meer bleibt ruhig. Es ist Donnerstag, der Beginn eines verlängerten Wochenendes in Italien und Korsika offenbar ein beliebtes Ausflugsziel. An Deck ist kaum ein freier Platz zu finden, vor allem nicht im Schatten. In der Sonne ist es keine Minute zu ertragen. Statt dessen liegen wir unter Deck in der fensterlosen Kabine. Mein Vater erzählt mir von einer Reise nach Mljet, ich war zwei Jahre alt; ein Sturm wütete, und wir kamen nicht von der Insel weg. Nach einer Woche fuhr ein Schiff, der Sturm aber hatte nur unwesentlich nachgelassen. Ein Höllenritt, sagt mein Vater. Gläser, Teller, nichts hielt es auf den Tischen, es war ein Auf und Ab zwischen den Wellenkämmen, er trug mich auf dem Arm, die meisten Passagiere klammerten sich an die Reling und spien in die See. Mein Vater hielt sich tapfer, bis ihm ein Franzose über die Schulter kotzte und ihm dessen unverdaute Spaghetti auf der Brust hingen. Deine Mutter, sagt er, war einzige, die nicht gereihert hat. Ich blättere im Reiseführer. Unser Ziel ist Corte, fünftausendsiebenhundert Einwohner, die »heimliche Hauptstadt« in den Bergen, auf sechshundert Metern gelegen, am Rand einer ausgedehnten Senke, sechzig Kilometer landeinwärts von Bastia. Ein Hotel Le Vallon gibt es im Reiseführer nicht. Aber das muß nicht unbedingt etwas bedeuten.

Damals, im März 1960, wurde mein Vater von der Weltpolitik erfaßt. Vier Jahre zuvor, im November 1956, zerschlugen sowjetische Truppen den Aufstand in Ungarn. Zweihunderttausend Ungarn flohen, zwanzigtausend starben und mit ihnen die Demokratie. Vier Jahre später hat dieses Ereignis meinem Vater seinen ersten und einzigen Urlaub auf Staatskosten beschert.

# Zwangstouristen auf Korsika

Die Fremdenverkehrs-Saison hat in Korsika noch nicht begonnen, und es gibt derzeit nur ungefähr 800 Touristen auf der Insel. Alle 800 sind auf Einladung der französischen Regierung dort, die eine neue Ferienform erfunden hat, den *Tourisme Forcé*. Zwangstourismus aber heißt: einem Urlaub zu geben, ganz gleich, ob er will oder nicht. Und in diesem Fall hat Paris all jene auf Zwangsurlaub nach Korsika geschickt, von denen sie annimmt, sie könnten Chruschtschow während seiner Frankreichreise an Leib und Leben gefährden.

Die „Feriengäste" sind zum größten Teil Flüchtlinge aus den Ländern hinter dem Eisernen Vorhang, enttäuschte Kommunisten, aktive Antikommunisten, Trotzkisten, spanische Loyalisten, Anarchisten und Studentenführer, die vielleicht Lust haben könnten, gegen den russischen Regierungschef zu demonstrieren.

Das französische Innenministerium hat die Namenslisten von ungefähr 890 000 Flüchtlingen in ganz Frankreich durchgeackert, um diese Urlauberliste aufzustellen. Vor zwei Wochen besuchte dann die Polizei frühmorgens die Auserwählten und brachte ihnen bei, daß sie eine Gratis-Ferienreise nach Korsika gewonnen hätten. Sie möchten doch so nett sein und sich beim Kofferpacken auf 25 Tage Urlaub einrichten. Ein Flugzeug warte auf sie, und sie würden sogar im Auto zum Flugplatz gebracht.

Wegen der beschränkten Unterbringungsmöglichkeiten und auch wegen der Unkosten erhielten Ehefrauen keine Einladung. So wurde die *Opération Tourisme Forcé* zu einer einzigen großen Herrenpartie. Nur fünf Frauen, die als „Sicherheitsrisiken" aus eigenem Recht angesehen werden, durften mitfahren.

Es versteht sich, daß die Auswahl der 1000 Flüchtlinge (200 kamen auf andere Inseln) manche Verbitterung schuf. Verschiedene Flüchtlinge, die übersehen wurden, und denen es nichts ausgemacht hätte, 25 Tage auf Korsika zu verbringen, machten geltend, daß sie viel gefährlicher seien als die ausgewählten.

Andererseits wurden viele *jetzt* verschickt, obwohl sie lieber mit allen andern im *August* auf Urlaub gegangen wäre. Und einige Jugoslawen, die schon beim Staatsbesuch Titos nach Korsika verfrachtet worden waren, fanden, daß sie genug von der Insel gesehen hätten und eigentlich anderswohin geschickt werden müßten.

Die Flüchtlinge wurden über die ganze Insel verteilt. Die

Frage, wer in welches Hotel kam, wer ein Bad erhielt und wer keins, wurde in Paris vom Innenministerium entschieden. Niemand weiß genau, wie diese Entscheidungen zustande kamen, aber die Flüchtlinge, mit denen wir sprachen, haben darüber so ihre Theorie.

„*Wahrscheinlich*", sagte einer von ihnen, „*gingen sie unsere Kartei durch. Wer einmal einen Zug oder eine Brücke in die Luft sprengte, hat Anrecht auf ein Zimmer mit Bad. Wer nur eine antikommunistische Demonstration organisiert hat, bekommt eins mit Dusche. Wer weiter nichts getan hat, als einem führenden Kommunisten einen Drohbrief zu schicken, muß mit einem Zimmer ohne eigenes Bad vorliebnehmen. Wer freilich jemals aktiv in ein Attentat verwickelt war, bekommt nicht nur ein Zimmer mit Bad, sondern auch noch einen Balkon mit Blick aufs Meer.*"

Unter den bedeutenderen „Urlaubern" befinden sich Herr *Filo Kornel*, früherer Verkehrsminister in der Tschechoslowakei; General *Valante Gonzales*, bekannt als *El Campesino*, der im Spanienkrieg ein führender kommunistischer General war und schließlich, weil er Stalin ärgerte, in einem sibirischen Zwangsarbeitslager landete; zwei kroatische Priester und zwei chinesische Nationalisten. Es gibt sogar einen Amerikaner in der Gruppe: *Mr. Florian Mociliniakar* aus Cleveland, Ohio.

Wir fanden Mr. Mociliniakar in einem winzigen Badeort namens *Tiuccia*. Er erzählte uns, daß er der Sohn jugoslawischer Eltern sei. Jetzt ist Mr. Mociliniakar Besitzer einer Tankstelle bei Metz. Er berichtete, daß er 1952 als erster Amerikaner zum Studium nach Belgrad eingeladen worden sei. Aber Mr. Mociliniakar geriet in Schwierigkeiten mit der Tito-Regierung und wurde des Landes verwiesen. Er kam nach Frankreich, heiratete eine Französin und arrangierte sich. Er sei wohl wegen seiner alten Schwierigkeiten in Jugoslawien verschickt worden, meint er.

Wie ihm sein „Urlaub" gefalle?

„Komischerweise habe ich meinen Urlaub gerade zwei Wochen hinter mir. Ich hatte mir ernstlich überlegt, ob ich ihn auf Korsika verbringen sollte, aber in letzter Minute beschlossen meine Frau und ich, nach England zu gehen. Zum Glück!"

Vielleicht wurde Mr. Mociliniakar nach Korsika geschickt, weil Chruschtschow an seiner Tankstelle bei Metz vorbeifahren soll. Mr. Mociliniakar bedauert es jedenfalls sehr, daß er nun dem russischen Premier nicht zuwinken kann ...

Art Buchwald in: DIE ZEIT vom 18. März 1960

## Corte, Venaco

*Ich bekam Brief von Polizei, da stand, ich werde am soundsovielten abgeholt und nach Korsika gebracht. Ich lebte damals in Martigues, im Haus von Monique. Sie wollte mich nicht gehen lassen, sie ist mit mir zu Polizei gegangen und hat gesagt, entweder ich bleibe oder sie fährt mit. Aber war nichts zu machen. Mein Bruder hat auch Brief bekommen. Wir beide hatten Asyl in Frankreich. War kein Problem, als ich nach Martigues kam, ist Milan mit mir nach Marseille zu Polizei. Paar Tage später hatte ich Asylausweis. Wir wurden mit Bus abgeholt, Bus war voll mit Asylanten aus Osteuropa. Sie haben uns nach Marseille zum Flughafen gebracht. Dort wartete Maschine auf uns. An Bord nur Asylanten. Alle wurden nach Korsika gebracht. Dort wurden wir aufgeteilt, Milan und ich wurden mit zwölf anderen nach Corte gebracht. Wir haben im Hotel Le Vallon gewohnt, Hotel war nur für uns, schönes Hotel, in kleinem Dorf oben in Bergen. Erinnere mich an ein Ungar, dem fehlte Hand, hatte nur Stumpf. War ganz verrückt, hat immer erzählt, will Chruschtschow in Luft jagen. Milan und ich waren einzige Jugoslawen. Hatten kein Problem mit Russen, uns ging es immer gut, Tito wollte nichts von Russen, wir konnten als einzige im Ostblock reisen. Habe mit Milan Zimmer geteilt, kleines Zimmer, aber schön, sauber. Hatten eine schöne Zeit, sind mit Vespa rumgefahren, gehörte wohl zum Hotel. Wir haben Fußball gespielt. Hatten eigene Mannschaft. Einmal haben wir gegen* Parachutisten *gespielt,* Parachutisten, *du weißt … Fallschirmjäger, ja, genau, Fallschirmjäger. Dein Vater war guter Spieler, gespielt wie junger Gott, du glaubst mir wohl nicht? Ich weiß nicht, ob wir gewonnen haben. Da bin ich überfragt. Weiß nur, wie ich auf Ball getreten habe und dann auf Rücken gefallen bin. Mann, habe keine Luft mehr bekommen, dachte, ich sterbe. Wir waren auch im Kino, ich weiß, wir haben abends Filme geguckt. Vier Wochen waren wir da. War schöne Zeit, mußten nicht arbeiten, war richtig Urlaub. Zurück sind wir dann mit Schiff gefahren, ein Seelenverkäufer, sage ich dir. Sind ganze Nacht gefahren. Und hat geschaukelt, ich sage dir, die wollten uns wohl loswerden. Weiß noch, habe einen von Besatzung gefragt, warum so schaukelt. Hat gesagt, das ist Flußschiff, war immer auf Flüssen unterwegs.*

Die Nationalmannschaft von Korsika. Wann habe ich dieses Foto zum erstenmal gesehen? Vor zwanzig Jahren? Es war lange vor seiner Krankheit, als er es mir gezeigt hat, zu einer

Zeit, als er noch mit mir Fußball gespielt hat, gelegentlich zumindest. Er hat nicht gern Fußball gespielt, wie oft habe ich gesagt, komm, laß uns spielen, aber meistens fand er irgendeine Ausrede, voller Magen, keine Zeit, keine Sportschuhe, was vermutlich sogar stimmte: ich habe meinen Vater noch

nie in Sportschuhen gesehen. Ich hielt ihm vor, er habe ja nur Angst, sich zu blamieren, und dann, eines Tages, holte er die Kiste mit den alten Fotos und suchte dieses Bild heraus. Siehst du Mann hinten links, Mann wie Baum? Das ist dein Vater. Im nachhinein glaube ich sogar, daß es der Auslöser war für meine Skepsis seinen Geschichten gegenüber. Korsika hatte keine Nationalmannschaft. Und wenn das schon geflunkert war, wieso nicht auch all die anderen Geschichten? Mein Vater war kein guter Fußballspieler, er bemühte immer den gleichen Trick, wenn man überhaupt von Trick sprechen kann. Er legte sich den Ball vor und drängte mich mit seinen hundert Kilo aus dem Weg. Und so jemand wollte Nationalspieler gewesen sein? Er erzählte auch, er sei jugoslawischer Meister im Schießen gewesen, im Tischtennis und Fechten. Ich glaubte ihm nicht, genauso wenig wie die Geschichte von Cik Cajkovski, einem ehemaligen kroatischen Fußballer, dem sie Muskeln aus dem Bein operieren mußten, weil sein Schuß so fest war, daß er ständig die Tornetze zerschossen hat. Absurderweise habe ich erst kurz vor unserer Reise bemerkt, daß auf der Rückseite des Fotos etwas geschrieben steht: La Corse, 15. III. 60. Zumindest schien er wirklich auf Korsika gewesen zu sein.

Aus jener Zeit stammen auch die beiden anderen Fotos, mein Vater und Milan auf einer Vespa, im Hintergrund die Fassade eines Hauses. Mein Vater und Milan in einer Gruppe von Menschen. Es sind die einzigen Fotos aus den Jahren seiner Flucht. Weder aus Villafranca noch aus Martigues gibt es Fotos, erst später aus Paris. Was vermutlich einfach daran liegt, daß auf Korsika ein Fotograf gekommen war, um Fotos von ihnen, den osteuropäischen Flüchtlingen, zu machen. Der Ausschnitt eines Fotos wurde damals auch in der Lokalzeitung abgedruckt, bei Ivana habe ich das Foto und den Zeitungsausriß gefunden, beides hatte Milan ihr damals geschickt. Mein Vater erinnert sich, daß ein Fotograf ins

Dorf gekommen war, das erste Mal kurz nach ihrer Ankunft, ein zweites Mal kurz vor der Abreise. Auf der Rückseite des Fotos ist der Stempel des Fotografen: J. Filippi, Corte. Vier Fotos, ein Zeitungsausriß und ein Name, das ist, was wir haben, als wir in Bastia von der Fähre fahren und den Schildern nach Corte folgen.

Kurz nach Bastia teilt sich die Straße, die N198 führt die Küste entlang, die N193 ins Landesinnere. Bald schon beginnt die Steigung, am Horizont überragen schroffe Berge die bewaldeten Hänge, die Gipfel sind, auch jetzt im Juni, noch schneebedeckt. Corte galt lange als Hort des Widerstands gegen die genuesische Herrschaft. Vielleicht lag das auch an der geographischen Lage: so wie sich der Ort an den Bergrücken schmiegt, scheint es, als er hätte er dort Schutz gesucht. Die Hauptstraße führt von einem Berg zum nächsten, durchläuft dabei ein Tal, um am Ende wieder anzusteigen. Die Straße ist von zahlreichen Cafés und Kneipen gesäumt. Meinem Vater ist dieser Ort unbekannt. Viel höher habe der Ort gelegen, an den er sich erinnert, und er war viel kleiner.

Der einzige Fußballplatz liegt im Tal, unmöglich, daß es der vom Foto ist, der muß viel höher gelegen haben, im Hintergrund sind Gipfel zu sehen. Aber es ist der einzige, der Kellner, den ich frage, ist in Corte aufgewachsen. Es hat hier nie einen anderen Fußballplatz gegeben. Sind wir am falschen Ort? Mittlerweile vertraue ich der Erinnerung meines Vaters, kein Mensch außer ihm hat sich in Villafranca an den Pfeiler erinnert, und trotzdem hatte er recht behalten. Ich zeige dem Kellner die Fotos, vom Fußballplatz, vom Haus, vor dem mein Vater mit der Vespa steht. Er glaubt nicht, daß es Fotos aus Corte sind. Auch vom Hotel Le Vallon hat er noch nie gehört. Wieso hat mein Vater die ganze Zeit von Corte gesprochen? Ich frage den Kellner, ob der Name Filippi ihm etwas sagt. *Oui*, sagt er, der hatte früher in dieser Straße ein Foto-

Geschäft, er sei aber mittlerweile tot. Sein Sohn aber arbeite bei »Corse-Matin«, die Redaktion ist ganz in der Nähe, die Straße ein Stückchen hinunter, Cours Paoli 26.

Wir suchen die Redaktion auf. Ich kann der Sekretärin nur mit Mühe erklären, was ich möchte, es ist lange her, daß ich Französisch in der Schule hatte. Sie zeigt uns das Büro von Monsieur Filippi. Er telefoniert, deutet auf zwei Stühle. Er ist im Streß, während des Telefonats starrt er auf den Bildschirm seines Computers und klickt ununterbrochen auf der Maus herum. Er legt auf, eilt aus dem Raum und kommt nach einigen Minuten wieder, fragt, ob wir einen Kaffee wollen, gibt uns die Hand und fragt: *Je peux vous aider?* Ich zeige ihm die Fotos und erzähle die Geschichte. Er betrachtet die Bilder, den Stempel auf der Rückseite. Das Foto hat mein Vater gemacht, sagt er, Josef Filippi, er besaß einen großen Fotoladen, nicht weit von hier, dort wo heute die Boucherie Le Bip's ist. Sein Vater hat auch für die Zeitung gearbeitet und hat den Sohn schon früh mitgenommen, er, der Sohn, ist sozusagen in der Redaktion groß geworden. Seit zwanzig Jahren ist Jeannot Filippi bei »Corse-Matin«. Sein Vater ist 1976 gestorben. Immer wieder sieht er sich die Fotos an und schüttelt ungläubig den Kopf, das ist ihm noch nicht passiert, daß Vater und Sohn aus Deutschland anreisen, alte Fotos seines Vaters im Gepäck und dazu eine Geschichte, von der er noch nie zuvor gehört hat, von Chruschtschow und Flüchtlingen, die von der Regierung nach Korsika ausgeflogen wurden. Auch Monsieur Feracci, der Redaktionsleiter, hört eine solche Geschichte zum erstenmal. Das Hotel Le Vallon allerdings kennt er, es gibt das Hotel zwar nicht mehr, der ehemalige Besitzer aber, Monsieur Pagni, hat ein neues eröffnet. Ob es möglich sei, diesen Mann zu treffen, frage ich. Monsieur Feracci sieht im Telefonbuch nach, führt ein Telefonat und schreibt dann Namen und Nummer auf einen Zettel. Monsieur Pagni, sagt er, erwartet Sie morgen nachmittag.

Also gab es ein Hotel Le Vallon, der Name ist meinem Vater im Gedächtnis geblieben, fünfundvierzig Jahre lang. Warum? Für ihn, damals neunzehn, muß es etwas ganz Besonderes gewesen sein, der erste Flug, das erste Mal auf Korsika. Wie fantastisch muß es meinem Vater vorgekommen sein, daß die französische Regierung ihm einen Urlaub bezahlt, das Nichtstun, sie fahren mit der Vespa herum und gehen ins Kino. Ausgerechnet ihm, dem Kroaten, der nichts gegen Chruschtschow hat, dem nichts ferner liegt, als ein Attentat auf diesen Mann zu verüben. Es waren die Franzosen selbst, die Chruschtschow, sofern sie Kommunisten waren, während seiner Tour durch Frankreich, die ihn auch nach Marseille führte, mit roten Fähnchen zuwinkten oder »Ungarn« und »Mörder« riefen. Einer hatte sogar gegenüber dem Hotel Matignon, wo der Premierminister Debré den Gast zum Mittagessen empfing, eine ungarische Fahne gehißt. Sie wehte eine halbe Stunde, bis die Feuerwehr sie herunterholte. Meinem Vater war das egal. Was hatte er mit Politik zu tun? Seit ich ihn kenne, hält er sich aus der Politik heraus. Klar, er schimpft auf die Politik, diese Hure, auf Politiker, diese Verbrecher, die sich nur in die eigene Tasche wirtschaften, besonders schimpft er auf Sozis, weil sie so tun, als wären alle gleich, aber selbst genau solche *Bakaluten* sind wie die anderen. Für Politik aber sind die Politiker zuständig, alle anderen sollen sich raushalten. Es paßt ihm nicht, wenn Schauspieler, Schriftsteller oder Kirchenleute anfangen, sich in die Politik einzumischen. Mein Vater mit einem Transparent in der Hand beim Sternmarsch ist genauso schwer vorstellbar wie in der Küche mit Schürze. Man könnte meinen, daß ein Mensch, der Demokratie lange nicht erlebt hat, eine besondere Sehnsucht nach ihr entwickelt, aber vielleicht ist es auch so, daß ein Mensch, der Demokratie lange nicht erlebt hat, weiß, daß man, solange es einem gutgeht, auch ohne sie leben kann. Oder es ist einfach so, daß die Demokratie, als er sie erlebt hat, schnell alltäglich wurde und ihren Reiz verloren hat? Weil man zwar wählen und auf die Straße gehen kann, aber selten erlebt, daß sich deswegen etwas ändert. Letztlich verhält sich mein Vater nicht anders als die meisten: Er geht wählen und schimpft hinterher über die, die er gewählt hat.

Es ist schon nach sechs Uhr, wir haben wenig gegessen, im Restaurant, in dem wir vorhin saßen, konnte man uns nur einen Salat zubereiten, weil die Küche noch geschlossen hatte. Ich kenne das, wenn mein Vater Hunger hat, ist er gereizt. Ich kenne das, weil es mir genauso geht. Es ist ein schlechter Moment, um festzustellen, daß alle Hotels in Corte ausgebucht sind. Welches ich auch anrufe, ich bekomme jedesmal die gleiche Antwort: *complet*. Unsere einzige Möglichkeit ist das Hotel von Monsieur Pagni. Es liegt außerhalb, neun Kilometer entfernt. Feracci hat uns den Weg aufgezeichnet. Richtung Aléria, die dritte rechts, Richtung Venaco, an der Mülldeponie vorbei, und dann kommt schon das Hotel: Pasotel E Caselle. Allerdings sagte er auch, daß es nicht billig sei. Ich rufe an. Ein Zimmer ist noch frei. Ich schaue meinen Vater an. Wir können ja schlecht im Freien schlafen, sagt er.

Wir biegen auf die N200 nach Aléria, wir lassen Corte hinter uns, nur kommen wir an keiner Abfahrt nach Venaco vorbei. Wir sind zu weit, sagt mein Vater, sieben Kilometer hat er gesagt, jetzt sind es schon zwölf. Mein Vater hat die ganze Zeit die Kilometeranzeige im Blick. Dreh um, sagt er, das kann nicht sein. Wir fahren zurück, suchen nach einer verpaßten Abfahrt. Da, sagt mein Vater, da müssen wir rechts. Aber auf dem Schild steht nichts von Venaco. Die Straße wird immer schmaler und windet sich einen Berg hinauf, wir fahren an Ziegenherden vorbei. Irgendwann erreichen wir ein kleines Dorf. Mein Vater fragt einen alten Mann. *Oh, non*, sagt er. Und zeigt uns von oben den Weg.

Wieder runter ins Tal, zurück auf die Hauptstraße, dann dritte rechts, Richtung Venaco, man könne es gar nicht verfehlen, an der Mülldeponie vorbei, und dann komme auch schon das Hotel. Die wollen uns wohl verarschen, sagt mein Vater und kurbelt die Scheibe wieder hoch. Irgendwann kommt die Ausschilderung nach Venaco, dann die Mülldeponie und das Hotel. Was guckst du mich so an? fragt er, der hat sieben Kilometer gesagt, das sind fünfzehn gewesen. Ich sage nichts. Heutzutage, sagt er, kann man sich auf niemanden mehr verlassen.

Das Hotel liegt wunderschön, am Fuß eines Berges, der kleine Garten unseres Zimmers grenzt an einen Wildbach. Wir essen noch etwas und legen uns dann ins Bett. Mein Vater schaut sich noch einen Western an, den ganzen Abend höre ich das Pfeifen der Kugeln.

Am nächsten Vormittag machen wir einen Ausflug in die Schlucht von Restonica. Wir fahren eine halbe Stunde steil bergauf, die Straße ist teilweise so eng, daß keine zwei Autos aneinander vorbeikommen. Oben angekommen, setzen wir uns in eine kleine Bar, trinken Saft, steigen wieder ein und fahren zurück Mein Vater macht aus dem fahrenden Auto heraus Fotos. In Corte essen wir zu Mittag. Mein Vater klagt über die Preise, daß das Essen so teuer ist, dreizehn Ewro für einen Teller Spaghetti, wer kann sich das heutzutage noch leisten? Ein Arbeiter jedenfalls nicht mehr. Dreizehn Ewro, die spinnen wohl, da leben wir in Deutschland noch richtig billig, für sechs Ewro gibt es schon guten Mittagstisch beim Chinesen. Im Reiseführer, sagt er, steht, das Essen auf Korsika ist relativ günstig. Aber was ist relativ? Ein Haar auf dem Kopf ist relativ wenig. Eins in der Suppe relativ viel. Ich sage nichts, was sollte ich auch sagen? Daß ich schon viel teurer gegessen habe, auch in Deutschland, daß es nicht nur auf den Preis ankommt, sondern auf die Qualität, daß es Menschen gibt, die das Leben einfach genießen, ohne immer aufs Geld zu schauen? Es sind zwei Lebensweisen, die in diesem Punkt nicht vereinbar sind.

Am frühen Nachmittag dann treffen wir Monsieur Pagni. Ein älterer Mann in weißer Schürze, er ist der Koch, das Hotel führt sein Sohn. Was gibt's? fragt er und setzt sich zu uns an den Tisch. Wir sitzen draußen im Garten mit Blick auf die bewaldeten Berghänge. Ich zeige ihm die Fotos. Mein Vater erzählt, daß er damals im Hotel Vallon übernachtet hat mit dreizehn anderen Flüchtlingen. Monsieur Pagni ist etwas schwerhörig, manchmal beugt er sich in unsere Richtung, damit er besser hören kann, aber was er versteht, das läßt ihn immer wieder mit dem Kopf schütteln, als wolle er sagen, das gibt's doch nicht, das kann doch nicht sein. Und dann sagt er: Ich kann es nicht glauben, wir sind uns schon mal begegnet, wann war das? 1960?

Er war damals dreiundzwanzig, Chefgeschirrspüler, wie er es nennt, seinem Vater gehörte das Le Vallon. Aber der ist 1988 gestorben. Monsieur Pagni erzählt, ohne daß wir sie erwähnt hätten, die Geschichte von Chruschtschow, der nach Frankreich kam, daß die Regierung das Hotel bezahlt habe, achtzehn Zimmer hätten sie gehabt, und lange bevor die Flüchtlinge kamen, war die Polizei erschienen und hatte ihnen aufgetragen, alle achtzehn Zimmer freizuhalten, ohne ihnen den Grund zu nennen. Später erfuhren sie, daß die Männer, die kommen würden, solche seien, denen man ein Attentat auf Chruschtschow zutraute. Sie bekamen Angst, diese Männer schienen gefährlich und zwielichtig, warum sonst wollte man sie auf dem Festland nicht haben? Das wiederum hat mein Vater nicht gewußt, daß die Dorfbewohner dachten, sie wären Kriminelle. Und ihre Vorfreude entsprechend groß war.

Aber, sagt Monsieur Pagni und klopft meinem Vater auf die Schulter, nach zwei Tagen war es eine große Freundschaft.

Für die Menschen im Dorf war es der erste Kontakt mit Asylsuchenden. Jugoslawien, Ungarn, das war für uns ein fremder Planet, sagt Pagni. Eigentlich ist es eine schöne Integrationsgeschichte: ein abgelegenes Dorf in den Bergen Korsikas, in das vierzehn Fremde gebracht werden, die aus welchen Gründen auch immer ihre Heimat verlassen haben und nach Frankreich kamen. Vierzehn Männer mit eigenen Geschichten, die von Flucht handeln, vom Zurücklassen ihrer Familien, von Unterdrückung und möglicherweise auch Todesangst. Diese Männer sitzen dann eines Tages im März 1960 in den Cafés des kleinen Orts und vertreiben sich die Zeit. Das Wetter ist gut, milde Temperaturen, der Kaffee schmeckt, sie unterhalten sich, lernen sich selbst erst kennen, der Ungar ohne Hand ist der lauteste von allen, diesen Mistkerl jage ich in die Luft, ruft er, vielleicht hat er in der Zeitung von der jungen Frau gelesen, die beim Besuch von Nina Chruschtschow in einer Kinderklinik auf sie zustürzte und sich ihr zu Füßen warf. Sie schrie: Geben Sie mir mein Kind zurück und überreichte Frau Chruschtschow einen Brief, den diese schweigend entgegen nahm. Die junge Frau hatte aus Ungarn fliehen und ihre sechzehnjährige Tochter zurücklassen müssen. Schade, daß da keine Bombe drin war, ruft der Ungar ohne Hand. Die Bewohner des Dorfes sitzen an den anderen Tischen und mustern die jungen Männer voller Skepsis. Vielleicht war es mein Vater, der Clown, wie ihn später seine Frau nannte, der den ersten Schritt machte. Vielleicht ist er aufgestanden, hat ihnen die Hand gegeben und sich vorgestellt: *Je suis Drago et c'est mon frère Milan.*

Wie lange wart ihr da? fragt Monsieur Pagni.

Vier Wochen, sagt mein Vater.

So kurz? Mir kam es viel länger vor.

Ich kann mich noch an einen italienischen Kellner erinnern, sagt mein Vater.

Ja, sagt er, ja, stimmt! Der hat damals im Hotel gearbeitet, ist aber kurz darauf zurück nach Italien gegangen.

Ob danach noch mal Flüchtlinge ins Dorf gekommen sind? frage ich.

Nein, sagt er, es war das einzige Mal.

Was ist aus dem Hotel geworden?

Das hat mein Vater verkauft. Es ist jetzt ein Wohnhaus, wenn ihr es sehen wollt, ihr könnt es nicht verfehlen, oben in Venaco, ein dreistöckiges Haus, es ist das einzige, vor dem zwei Bäume stehen.

Kein Wunder, daß Corte meinem Vater so fremd vorkam, er war damals nicht in Corte, sondern in Venaco, das liegt

fünfzehn Kilometer entfernt. Als die ersten Häuser oben am Hang zu sehen sind, sagt mein Vater: Ja, das kann es sein, ich glaube, hier war das. Das Haus ist wirklich nicht zu verfehlen. Ihm kommt es gleich bekannt vor. Ich vergleiche es mit den alten Fotos; es gibt keinen Zweifel, die Fassade hat sich in den vergangenen fünfundvierzig Jahren nicht verändert.

Das habe ich nicht gedacht, sagt mein Vater, daß wir das finden.

Im Nachbarhaus streicht ein älterer Mann Fensterrahmen. Er schaut uns zu, wie ich Fotos von meinem Vater vor dem Haus mache. Ich gehe zu ihm und zeige ihm die alten Bilder. *Mon dieu*, ruft er, *mon dieu, c'est magnifique!* Es dauert, bis ich verstehe, warum er so aufgebracht ist. Er erkennt sich, er ist einer aus der Menschengruppe, in der auch mein Vater steht. Er erkennt noch andere, Gregor und Josef und Monsieur Mariani, der war damals Präsident des örtlichen Fußballvereins. Und die Kinder, das waren Schüler, sie alle lebten hier in Venaco.

Von wann ist das Foto? fragt er. 1960? War das eine Zeit, da war hier noch was los. Jede Woche kam ein Lastwagen hochgefahren und brachte das Kino ins Dorf. Sie stellten Stühle auf die Hauptstraße, auf dem Lastwagen stand das Vorführgerät und projizierte das Bild auf eine Hauswand.

Alle großen Filme haben sie damals gesehen, mit Fernandel, mit Jean Gabin. Siehst du, sagt mein Vater, ich wußte doch, daß wir Filme geguckt haben. Es scheint, daß es immer einsamer geworden ist in Venaco, zumindest im Winter. Venaco ist mittlerweile ein Dorf, das im Sommer zu leben beginnt, wenn die vielen Städter kommen und die Häuser beziehen, die das restliche Jahr über leer stehen. Im Winter hat Venaco sechshundertfünfzig Einwohner, im Sommer doppelt so viele.

Ich frage nach der Fußballmannschaft auf dem Foto.

Ich erfahre, daß es die Mannschaft von Venaco war, *Association sportive venacoise*. Der Mann links war der Trainer, der mittlerweile gestorben ist.

Und der Platz?

Da unten, sagt der Mann und zeigt mit der Hand in die Richtung, aus der wir gekommen sind.

Nach der Unterführung gleich rechts. Ein Schild: Stade Paul Giacobbi. Es ist der Platz vom Foto, eindeutig, im Hintergrund sind die Berggipfel zu sehen, es ist derselbe staubige Platz, nur wird hier schon lange kein Fußball mehr gespielt. Auf der einen Hälfte sind jetzt zwei Tennisplätze. Ein Mann kommt auf uns zu. Ich zeige ihm das Foto, auch er hat die Flüchtlinge nicht vergessen. Er sieht meinen Vater

an, als könne er es nicht glauben. Einige von ihnen, sagt er, waren sehr gute Fußballer. Sie haben mit den Einheimischen zusammen in einer Mannschaft gespielt. Er, der heute so etwas wie der Platzwart ist, war damals fünfzehn und kann sich auch an ein Spiel gegen Parachutisten erinnern, die hatten ihre Kaserne in Corte. Ob er weiß, wie das Spiel ausgegangen ist?

*Non*, sagt er. Er hält immer noch das Foto in der Hand. Sie waren dabei? fragt er meinen Vater.

Ja, sagt er und hebt seinen Stock.

Auf diesem Platz also hat mein Vater gespielt, hier ist er gerannt und auf den Rücken gefallen. Ich betrachte die Berge im Hintergrund, was für ein einzigartiges Panorama, es wird nicht das letzte Spiel auf diesem Platz gewesen sein, aber zumindest eines, an das sich alle Beteiligten erinnern. Es ist seltsam zu wissen, daß mein Vater hier schon mal war, als er selbst viel jünger war als ich heute bin, es ist seltsam zu wissen, weil ich mehr weiß als er damals wissen konnte, ich weiß, daß der Mann, links außen auf dem Foto, ein Jahr später Vater geworden ist, daß er nach Deutschland ging, daß er später meine Mutter kennengelernt hat und daß er zehn Jahre später wieder in Zagreb lebte, seiner Heimatstadt; er hat damals, als er hier über den Platz lief, von all dem nichts geahnt, damals hatte er eine Affäre mit einer zehn Jahre älteren Französin, in deren Schlachterei er arbeitete, er hatte seinen Bruder gefunden und war auf einmal nach Korsika gebracht worden mit all diesen anderen Männern, die er zuvor nie gesehen hatte und danach nie wieder sehen würde. Jetzt stehe ich hier und begreife zum erstenmal, welche Geschichte sich hinter diesem Mannschaftsfoto verbirgt, eine Geschichte, die viel aufregender ist, als sie jemals hätte sein können, wenn es sich statt um die Association Sportive Venacoise um die Nationalmannschaft gehandelt hätte.

Im Archiv finde ich später den Artikel aus »Nice-Matin« mit dem Foto, das Milan als Ausriß seiner Schwester geschickt hat. Der Text ist von Josef Filippi verfaßt, dem Vater von Jeannot. Er beschreibt seinen Besuch bei den in Venaco einquartierten Flüchtlingen, elf Ungarn und drei Jugoslawen. »Uns wird auf Anhieb klar, daß wir es mit sympathischen Zeitgenossen zu tun haben. Die Stimmung ist gut, der Umgangston freundlich. Auf allen Gesichtern liegt ein Lächeln. Nach dem Kaffee rauchen wir eine Zigarette. Ein Streichholz, um das wir mit Gesten gebeten werden, stellt den ersten kleinen Kontakt her.« Er schreibt, wie erstaunt er ist, daß sich der ungarische Tischnachbar in fehlerfreiem Französisch bei ihm bedankt. Und daß die vierzehn Touristen ihren Aufenthalt genießen. Sie hätten Zeit und vertrieben sich diese so gut wie möglich. »Im Stadion von Venaco können sie sich ausgiebig ihrem Lieblingssport widmen. Auf dem großen Dorfplatz haben sie die Möglichkeit, spannende Boulewettkämpfe abzuhalten, und die Umgebung lädt die Träumer zu langen Spaziergängen auf den gewundenen Wegen unserer Macchia ein.« Und an Regentagen, wenn die Zeit lang würde, könnten sie sich die Langeweile mit französischer Literatur vertreiben, denn »die Bibliothek unserer Departements hat an sie gedacht«.

Der Artikel ist vom 5. März 1960. Einen Monat später erschien ein weiterer Artikel, der die Abreise der Flüchtlinge beschreibt. Dort steht, daß sie in speziellen Bussen nach Ajaccio gebracht wurden, begleitet von Zivilpolizisten. Sie mußten auf dem Rollfeld warten, man hat ihnen Bänke und Stühle aufgestellt. Um sie herum standen Koffer, Pakete, Flaschen und sogar Geigenkoffer. Sie wurden aufgerufen, und weil sich einige nicht meldeten, kam es zu einem Durcheinander. Im Text steht, daß die Hotelbesitzer den Flüchtlingen kleine Proviantpakete gepackt und mitgegeben hätten. Und daß einige den Aufenthalt genutzt hätten, um ein letztes Mal ein korsisches Gericht im Flughafen-Restaurant zu essen. Dreihundertfünfundsiebzig Flüchtlinge wurden ausgeflogen, mehrere Air-France-Maschinen brachten sie nach Metz und Paris. Die anderen wurden mit Schiffen aufs Festland gebracht. Aus Calvi mit der »Napoléon« und aus Ajaccio mit der »Cyrnos«. Um 17 Uhr waren alle an Bord, nachdem es auch im Hafen zu einiger Verwirrung kam, weil sich einige nicht gemeldet haben, als sie aufgerufen wurden. Einem, so steht es im Artikel, hat es auf Korsika offensichtlich so gut gefallen, daß er gleich dort geblieben ist.

Auf dem Rückweg fahren wir noch mal zur Redaktion des »Corse-Matin«. Ob wir bereit wären, ein kleines Interview zu geben, fragt Monsieur Feracci. Klar, sagt mein Vater, warum nicht? Wir setzen uns an einen Tisch. Jeannot Filippi macht Fotos, während einer seiner Kollegen meinen Vater befragt. Mein Vater erzählt von Chruschtschow, vom Ungarn ohne Hand, der ganz verrückt war, vom Hotel Le Vallon, davon, daß man dachte, sie seien Kriminelle, aber das ist nicht, was der Journalist wissen will. Wie hat Ihnen Korsika gefallen? fragt er. Welche Erinnerungen sind Ihnen geblieben? Es war eine schöne Zeit, sagt mein Vater, die Leute waren nett, wir haben gut gegessen, es war wie eine große Familie.

So alt wie die Erinnerungen ist auch sein Französisch, vor fünfundvierzig Jahren hat er es gelernt, und er kann sich immer noch verständlich machen. Warum nur hat es mich nie interessiert, woher er das kann?

Zum Abschied bekommen wir zwei T-Shirts mit dem Logo von »Corse-Matin«. Als wir zum Auto gehen, ist mein Vater so aufgeregt, wie ich ihn selten erlebt habe. Mensch, wir sind in der Zeitung, sagt er. Ich werde noch berühmt. Wer hätte das gedacht nach fünfundvierzig Jahren.

Es ist nach acht, als wir Livorno endlich hinter uns haben. Eine Stunde hat es gedauert, bis wir von der Fähre runter waren und uns zwischen all den anderen Autos aus dem Ort geschoben haben. Livorno, das steht im Reiseführer, verdankt seine Größe den Medici, die im 16./17. Jahrhundert Flüchtlingen aus vielen Ländern Zuflucht gewährten. Bei unserem Spaziergang am Tage der Ankunft sind uns die vielen Afrikaner aufgefallen, die kein Italienisch sprachen und deren khakifarbene Jacken, meist die Innenseiten, mit Armbanduhren aller Größen und Marken behängt waren. Wenn sie uns sahen, schlugen sie ihre Jacken auf und wendeten sich im nächsten Augenblick schon ab, als glaubten sie selbst nicht daran, uns eine Uhr verkaufen zu können. Sie sahen alle resigniert aus. Wer weiß, für wen sie die Uhren verkaufen, in was für Zimmern sie schlafen, was für eine Reise sie hinter sich haben – wen interessiert das? Wen interessiert, wie viele von ihnen vor den Küsten ertrinken? Wie groß die Not oder Hoffnung sein muß, damit sie sich auf solche Überfahrten begeben? Ich habe noch nie verstanden, warum man zwar verhungern, aber nicht ins Gefängnis kommen darf, warum das eine zum Asyl berechtigt und das andere nicht. Wie einfach es mein Vater damals hatte, es reichte, daß er dem Sozialismus entflohen war, um diesen kleinen, weißen Papierausweis mit Foto zu bekommen, *certificat de réfugié*.

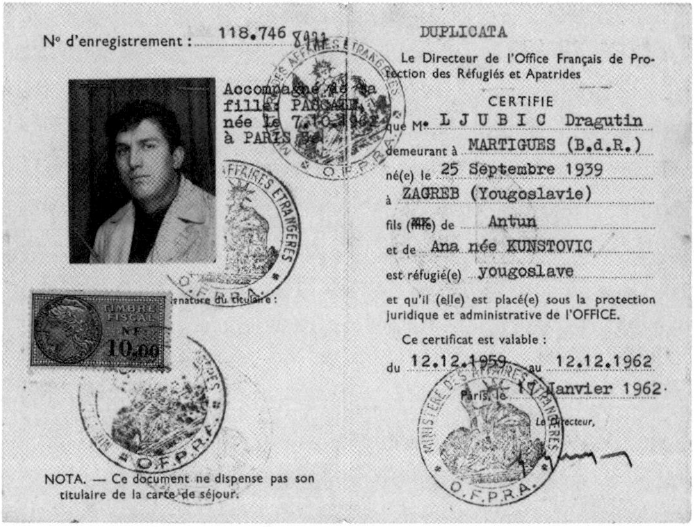

N° d'enregistrement : 118.746

DUPLICATA

Le Directeur de l'Office Français de Protection des Réfugiés et Apatrides

CERTIFIE

que M. L J U B I C Dragutin

demeurant à MARTIGUES (B.d.R.)

né(e) le 25 Septembre 1939

à ZAGREB (Yougoslavie)

fils (fille) de Antun

et de Ana née KUNSTOVIC

est réfugié(e) yougoslave

et qu'il (elle) est placé(e) sous la protection juridique et administrative de l'OFFICE.

Ce certificat est valable :

du 12.12.1959 au 12.12.1962

Paris, le 17 Janvier 1962

Le Directeur,

Accompagné de sa fille: PASCALE, née le [illegible] à PARIS [illegible]

Signature du titulaire :

TIMBRE FISCAL NF 10.00

MINISTÈRE DES AFFAIRES ÉTRANGÈRES O.F.P.R.A.

NOTA. — Ce document ne dispense pas son titulaire de la carte de séjour.

Den Afrikanern hat er mit einem Kopfschütteln zu verstehen gegeben, daß wir keine Uhren brauchen. Diese Uhren, sagte er, sind letzter Schrott. Bis du zu Hause bist, sind die schon im Eimer. Das kenne ich, die haben mich schon mal beschissen, in Triest.

Es ist Freitagabend und die Autobahn nach Genua kaum befahren. Die Dämmerung läßt die Konturen der Berge verschwimmen, bald flimmern vereinzelt Lichter in unterschiedlichen Höhen. Geplant ist, daß wir bis neun fahren, spätestens, und uns dann ein Hotel suchen. Mein Vater haßt es, wenn sich Vorhaben ändern. Er haßt es wie die Pest. Wie oft sagt er, Annelies, du schmeißt immer alles über Haufen, wir wollten um drei fahren, nicht um Viertel nach. Wenn du dich nur einmal an Abmachungen halten könntest! Wozu machen wir Pläne? Auch der Tagesablauf hat seine Ordnung, wie unser Kofferraum.

Die nächste Ausfahrt nehmen wir, sage ich. Es ist kurz vor neun. Mein Vater nickt. Die nächste Ausfahrt führt uns nach Massarosa, ein kleiner Ort, der im Reiseführer keine Erwähnung findet. Das einzige Hotel, das wir in Massarosa finden, ist ausgebucht. Schon von weitem schüttelt die Frau an der Rezeption den Kopf. Wir fahren zurück auf die Autobahn und nehmen die nächste Ausfahrt. Wir fragen die Frau an der Mautstation: Hotel? Sie zeigt mit der Hand grob in die Richtung, *a sinistra, a sinistra, a destra, a sinistra*. Nach einer Ewigkeit finden wir es, mein Vater will schon das Gepäck ausladen, ich sage, warte kurz, ich frag' schnell. Die Frau an der Rezeption sagt, es ist alles ausgebucht wegen der Feiertage. Ob sie einen Tip hat? Sie sagt: Das kann schwierig werden. *Difficile*, sagt sie, *molto difficile*. Mein Vater sagt, ich mach' mir gleich in Hose. Vorsichtshalber gehen wir in die Büsche.

Zwei Ausfahrten später, es ist mittlerweile nach zehn, sagt mein Vater, das habe ich noch nicht erlebt so was. Achtmal fahren wir im Laufe des Abends von der Autobahn ab, achtmal vergeblich. Vielleicht ist an der ligurischen Küste ein Ufo gelandet oder Robbie Williams, und wir sind die einzigen, die davon nichts wissen.

Gegen elf halten wir an einem Autogrill. Wir sind die einzigen Gäste. Wir essen Hamburger oder das, was sie hier unter Hamburger verkaufen. Im Fernsehen läuft das Länderspiel Italien gegen Norwegen. Als wir den Koch um zwei weitere Hamburger bitten, zeigt er auf ein Schild, das er kurz zuvor auf den Tresen gestellt hat. *Chiuso*. Wir haben noch Schokolade von Ivana im Auto, sagt mein Vater.

Wir haben Geld, wir haben ein Auto, nur das Bett fehlt. Und es fühlt sich schon ein bißchen an wie ein Abenteuer. Gut, daß meine Mutter nicht dabei ist. Die hätte, auf der Rückbank sitzend, meinen Vater in Rage gebracht. Das gibt's doch nicht, daß alles voll ist, hast du auch richtig gefragt? Vielleicht haben sie dich nicht verstanden. Wären wir bloß in Livorno geblieben, das war doch ein schönes Zimmer, ich weiß gar nicht, was du dagegen hattest. Mein Vater hätte sein

Crescendo angestimmt: Annelies – A-N-N-E-L-I-E-S! Und dann hätte meine Mutter den Rest der Fahrt aus dem Fenster geschaut.

Warum hat deine Mutter immer so eine Angst? hat er mich gefragt, aus heiterem Himmel, in Zagreb, als wir auf dem Weg zu Gluhak waren. Das wird immer schlimmer mit dem Alter. Sie hat ständig Angst, daß ihr jemand was wegnimmt. Nachts werden alle Türen von innen abgeschlossen, als sie mal allein war, hat sie sogar die Schlafzimmertür verriegelt, wenn sie einen Mann vom Naturschutzbund oder der Caritas sieht, der von Haus zu Haus geht, macht sie nicht auf, weil man ja nie weiß, wenn irgendwo ein paar Jugendliche den Außenspiegel eines parkenden Autos abtreten, sagt sie, wie wichtig heutzutage eine Garage ist, wenn ich das Haus verlasse, sagt sie, ich solle gut auf mein Portemonnaie aufpassen, das geht nämlich ganz schnell, einer rempelt dich an, und eh du dich versiehst, bist du dein Geld los, manchmal habe ich den Eindruck, die einzigen Nachrichten, die sie wirklich beschäftigen, sind die von Einbrüchen, Diebstählen und Morden im Zusammenhang mit Einbrüchen und Diebstählen, deshalb sollte man sich lieber schlafend stellen, wenn Einbrecher im Haus sind, meine Mutter ist sogar der einzige Mensch, den ich kenne, der gar nicht reich sein möchte, weil man dann ja ständig in Angst leben müßte. Ich verstehe das nicht, sagte mein Vater, ihr ist noch nie was passiert, woher kommt nur diese Angst?

Und ich fragte mich: Ist es etwas Deutsches? *German Angst*?

Mein Vater kannte Angst lange Zeit nur aus Erzählungen anderer. Er kann es nicht fassen, daß die Zahnärztin ihm den Backenzahn nicht ziehen will, weil er doch Diabetiker ist und der Zahn merkwürdig verwachsen war und sie Angst vor Blutungen hatte, so eine Schisserin, sagte er, was haben wir denn früher gemacht? Da haben wir Zange genommen und uns selbst Zähne gezogen. Wenn es stürmte und nachts Geräusche aus dem Keller kamen, hat er sich die Hose angezogen und ist runtergegangen, ohne auch nur einen Moment auf der Treppe zu verharren, er erzählt gern die Geschichte von einem Kollegen, der jeden Abend, bevor er ins Bett ging, einen Stolperdraht spannte und dann eines Morgens selber darüber gestürzt ist und sich zwei Rippen gebrochen hat. Mein Vater sagt, die Angst hätte ihn fast umgebracht. Meinen Vater hingegen bringen nicht mal Bankräuber aus der Fassung, nicht mal, wenn sie mit einer Pistole vor ihm herumfuchteln. So geschehen in Spanien, als er vormittags in die Bankfiliale ging, um Geld zu holen. Er wunderte sich, daß niemand da war, außer den zwei Männern, die ihn anherrschten und in einen Raum sperren wollten; auf der Tür aber stand *Privado*, mein Vater zeigte auf das Schild und sagte, da dürfe er nicht rein, das sei nur für Bankangestellte. Das hatten die Bankräuber mit Sicherheit nicht ins Kalkül gezogen, daß mein Vater auf einmal in der Bank erscheinen würde und ihnen einen Vogel zeigte, als sie ihn einsperren wollten, sich statt dessen auf einen Stuhl setzte, die Hände auf den Stock gestützt, und zuschaute, wie sie Geld in einen Rucksack stopften und dann aus der Bank liefen.

Es ist nicht so, daß mein Vater in den letzten Jahren ein ängstlicher Mensch geworden ist, das nicht, aber manchmal kommt es mir vor, als würde er sich Gedanken machen. Das mag eine Folge seines Schicksalsschlags sein oder der siebenunddreißig Jahre, die er mittlerweile mit meiner Mutter zusammen ist, im stillen macht er sich Gedanken, die er sich früher nicht gemacht hat, da bin ich mir sicher; was ist, wenn wir ohne Benzin bleiben? Wie kommen wir zur nächsten Tankstelle? Was ist, wenn wir kein Hotel finden? Wo schließe ich meine Pussarette an?

Kurz vor Rapallo sagt er: Vielleicht finden wir hier was. Du solltest ein bißchen schlafen, Junge, damit du fit bist.

Manchmal, wenn ihm abends vor dem Fernseher die Augen zufallen, ihm das Kinn auf die Brust fällt und sein Atmen in leises Schnarchen übergeht, wenn ich sage, Papa, geh doch ins Bett und er aufschreckt und einen Moment braucht, um zur Besinnung zu kommen, dann schaut er mich an und sagt: Wie kommst du darauf, daß ich müde bin?

Wir finden schon was, sage ich, wir sind bald in Genua. Du kannst auch schlafen, wenn du müde bist.

Junge, ich bin nicht müde. Ich mache mir nur Sorgen um dich.

Ich kann durchfahren, sage ich.

Ich auch, sagt er.

Als wir dann doch, kurz vor Mitternacht, am Stadtrand von Genua ein Hotel finden, schlafen wir beide so schnell ein, daß wir erst am nächsten Morgen merken, daß das Licht noch brennt.

Unser Spiel, die Kraftprobe, habe ich immer verloren. Seine Hand glich einem Schraubstock. Irgendwer hatte mal gesagt, du mußt drücken, damit du den Schmerz nicht spürst, drükken, so fest du kannst, ich hielt keine drei Sekunden stand, dann hatte ich das Gefühl, die Fingerknochen würden zermalmt. Mir stiegen die Tränen in die Augen, wie es endete, weiß ich nicht, wahrscheinlich ließ er einfach los, wenn er den Schmerz in meinem Gesicht sah. Ich weiß, daß es mich wütend machte, daß ich jedesmal aus dem Zimmer lief. Und meine Mutter ihn fragte, was das soll. Er sagte: Dein Sohn will sich mit seinem Alten anlegen. Mir fällt die Geschichte ein, die er mir so oft erzählt hat, wie seine Mutter ihn vom Rauchen abbrachte. Als ich sie das erste Mal hörte, war ich zwölf. Mein Vater hatte einige meiner Mitschüler gesehen, wie sie sich nach der Schule, an eine Wand gelehnt, Zigaretten anzündeten. Er war fünfzehn, als seine Mutter ihn eines Tages fragte, ob er rauchte. Seine Kleider hatten offenbar nach Rauch gestunken. In der Berufsschule hatten sie in der Toilette gepafft, und er hatte zugeschaut, vielleicht auch einen Zug genommen, so genau erinnerte er sich nicht. Die Mutter fragte: Hast du geraucht? Er sagte: Nein. Sie sagte: Du hast geraucht! Sie drückte ihm Geld in die Hand und schickte ihn zum Zigarettenkaufen. Zwei Schachteln Zeta, die schlimmsten. Sie setzte sich ihm gegenüber an den Küchentisch und fing an, mit ihm zu rauchen. Eine Zigarette nach der anderen, bis ihm schlecht wurde. Den nächsten Tag verbrachte er im Bett, und am übernächsten Tag, als er wieder zur Schule ging, gab sie ihm eine Entschuldigung mit, auf der stand: Mein Sohn konnte gestern nicht am Unterricht teilnehmen, weil er zu viel geraucht hat. Er hat tatsächlich nie mehr geraucht.

Warum mir die Geschichte einfiel? Weil sie von einer Kraftprobe erzählt, und Kraftproben, so scheint es mir rückblickend, waren ein beliebtes Erziehungsritual in der Familie. Autorität kommt von Stärke, und die mußte man dem Kind hin und wieder zeigen.

Am Morgen schon klagt mein Vater über Kopfschmerzen. Meine Birne, sagt er, als hätte mir jemand mit Vorschlaghammer draufgehauen. Zehn Tage sind wir unterwegs, es ist das erste Mal, daß er mit Schmerzen aufwacht. Zu Hause in Bremen hat er das häufiger, vor allem im Winter, wenn es kalt ist und regnerisch, es ist eine Folge seiner Operation, die ihn mehr quält als die Störung seines Gleichgewichts. Die Ärzte sagen, sie könnten nichts machen. Und Aspirin wirkt schon lange nicht mehr. Zu Hause sitzt er manchmal den ganzen Tag auf dem Sofa und drückt sich einen feuchten Lappen auf die Stirn. Diese Kopfschmerzen sind für ihn schlimmer als die Schmerzen im Knie, schlimmer auch als der Hustenreiz, den er regelmäßig bekommt, weil seine Speiseröhre durch den Schnitt verwachsen ist. Irgendwann, nach einer Stunde

Fahrt, sagt er: Hitler hat Krüppel wie mich vergast. Krüppel, der nichts mehr kann. Es ärgert mich, weil er es so dahinsagt, ohne zu überlegen. Ausgerechnet Hitler!

Wie kannst du so was Blödes sagen! Hitler ist doch kein Maßstab. Hitler hat Millionen Menschen umbringen lassen, Frauen, Kinder, Männer, Krüppel und Nichtkrüppel, Juden, Deutsche und Nichtdeutsche.

Mein Vater ist über die Vehemenz meiner Reaktion sichtlich überrascht.

Junge, sagt er, früher war ich noch ein Kerl und jetzt?

Jetzt? Du hast Enkel, die sich auf dich freuen, und du hast einen Sohn, der froh ist, daß du lebst.

Er sagt nichts.

Und ich denke: Wie absurd, daß es Hitler bedurfte, damit ich ihm das gesagt habe. Daß ich glücklich bin, ihn zu haben.

Wir fahren eine Weile, schweigend. Dann sage ich: Schau mal, das Meer! Wir nehmen die Abfahrt nach San Remo. Vor fünfundvierzig Jahren hatte ihn einer von de Bortolis Fahrern nach San Remo gebracht. Die zwanzig Kilometer zur französischen Grenze hatte mein Vater dann zu Fuß zurückgelegt. Daß es zwanzig Kilometer waren, das weiß er noch, ohne auf die Karte zu schauen. Und daß es früh am Nachmittag war, als er sich auf den Weg machte.

# Menton

*An Grenze erwischt mich italienische Polizist. Wußte wohl nicht, was er mit mir machen soll. Ich hatte keine Papiere, nichts, nur gesagt, Bruder ist in Frankreich. Polizist überlegt, dann zeigt mir Weg nach Frankreich. Ein kleiner Weg geht rechts von Straße in die Berge. Da soll ich hoch, sagt er, und immer laufen, laufen, bis ich Lichter von Menton sehe. Ist abends, ich bin Weg gelaufen, zwischen Steinen, Berge hoch. Die ganze Nacht gelaufen. Von oben sehe ich Lichter. Ich weiß, ich bin durch Gärten gesprungen, so wie Treppen, die erste Mauer war nicht hoch, aber dann immer höher geworden, und ganz unten war zu hoch zum Springen. Ich finde anderen Weg. Es ist früher Morgen, ich laufe und laufe Weg entlang, und dann stehe ich auf einmal wieder vor gleichem Polizist. Als er mich sieht, schreit er: Idiot, wie kann man nur so blöd sein. Dann er nimmt mich beiseite und sagt, ich soll warten. Als Bus vorbeifährt und Franzosen Bus kontrollieren, sagt er, wenn Zöllner im Bus sind, soll ich laufen, laufen, immer weiterlaufen, nicht umdrehen, bloß nicht stehenbleiben, egal, was passiert. Ich laufe los, und alles geht gut, kein Mensch hält mich an, erst hundert Meter hinter Grenze höre ich Geschrei, Trillerpfeifen, Franzosen rufen* Arrêtez! *Ich fang an zu rennen, immer weiter, nach Menton, dann höre ich Motorrad hinter mir, kommt näher, überholt und drängt mich in Vorgarten von ein Haus. Hat mir so richtig Weg abgeschnitten und mich in Garten geschmissen.* La police, *sagt Mann auf Motorrad. Er nimmt mich ins Haus, draußen fährt Jeep mit Polizei vorbei. Er zeigt mir Dusche, macht Frühstück für mich und fährt mich dann zu Bahnhof.*

Hier kann gewesen sein, sagt mein Vater. Wir sind an der Grenze, zur Linken steht ein altes Gebäude, das nicht mehr genutzt wird, zur Rechten wird die Küstenstraße von einer Felswand gesäumt. Zöllner sind keine zu sehen. Von hier aus haben wir einen Blick auf das Meer und, jenseits der Grenze, die ersten Häuser von Menton. An einer Stelle öffnet sich die Felswand und bildet eine kleine Schlucht. Das ist die Stelle, die mein Vater meint. Letztlich ist er damals doch noch der italienischen Polizei in die Arme gelaufen. Aber offenbar war er schon weit genug gekommen, statt ihn in Gewahrsam zu nehmen, schickte ihn der Polizist nach Frankreich. Vielleicht hatte er einfach keine Lust auf Formalitäten und nutzte die Möglichkeit, ihn loszuwerden. Vielleicht hatte er auch Mitgefühl für den jungen Mann. Auf jeden Fall hatte mein Vater Glück, ein anderer hätte ihn vielleicht festgenommen und womöglich nach Australien verkauft. Oder ihn bei den Jugoslawen gegen eine Kuh eingetauscht. So ist das Leben, lieber ohne Nase als ohne Glück.

Hattest du Angst, als dich der Polizist erwischt hat?

Junge, warum fragst du immer, ob ich Angst hatte? Ich hatte keine Angst, ich war jung.

Es stimmt. Immer frage ich ihn nach seiner Angst, als sei Angst das einzige Gefühl, das man auf einer Flucht haben darf. Warum nur frage ich immer? In der Hoffnung, er könnte mal eine Schwäche eingestehen? Ist es das, wonach ich suche? Nach einem Anzeichen von Schwäche beim Grizzly? Was würde es ändern, wenn ich wüßte, daß er Angst hatte, wenn er es sagen würde? Reicht es nicht, daß er beim Überqueren der Straße fast gestürzt wäre, weil er seinen Stock im Auto gelassen hat, nachdem ich wie selbstverständlich aus dem Auto gestiegen, über die Straße gegangen war, um von hier oben einen Blick auf Menton zu werfen? Ich hatte als Terrassen angelegte Gärten entdeckt, kurz hinter der Grenze, jenseits der Felsen. Ich laufe meinem Vater entgegen, stütze ihn, ein Auto, das um die Kurve kommt, bleibt stehen.

Alles klar?

Mein Vater nickt.

Dann stehen wir auf dem Bürgersteig, und ich zeige auf die Gärten. Das könnten sie sein, sage ich.

Kann sein, sagt mein Vater.

Und dann bist du von da oben gekommen und da runter? Ich versuche, mit dem Finger den Weg nachzuzeichnen.

Kann sein, sagt er.

Du hättest deinen Stock nehmen sollen, sage ich, als wir wieder im Auto sitzen.

Hätte, sagt er, hätte. Hätte der Hund nicht geschissen …

Die nächsten siebzig Kilometer, von Menton nach Cannes, verkörpern die Gegenwelt zur Doppelhaushälfte meiner Eltern in der Kuhkamp-Siedlung in Bremen-Osterholz. Auf diesen Kilometern stehen die Häuser, die ich gesehen habe, wenn ich die Augen schließen sollte. Drei- oder viermal bin ich diese Strecke schon gefahren, diese Küstenstraße, die von einem Ort in den nächsten führt, Menton, Monaco, Nizza, Cannes, eine Straße für Träumer oder Neider, je nachdem. Mein Vater soll mit mir staunen, gerade weil es nicht seine Welt ist. Ich weiß, daß er hinterher meiner Mutter davon erzählen würde, du kannst dir nicht vorstellen, was da für Häuser stehen, eines größer als das andere, und Jachten! Das glaubst du nicht. Als sich am Ortsende von Menton die Autos stauen, es ist Sonntagnachmittag, will mein Vater, daß wir die Autobahn nehmen, sonst, sagt er, brauchen wir zwei Tage nach Marseille.

So sehen wir von Monaco, Nizza und Cannes nur die Dächer einiger Häuser und die Autobahnausfahrten. Die Strecke von Menton nach Martigues hat mein Vater vor fünfundvierzig Jahren schon mal zurückgelegt, aber er weiß nicht mehr wie. Er glaubt, mehrere Tage lang zu Fuß unterwegs gewesen zu sein. Er erinnert sich, daß er eine wilde Orange gegessen hat, die er sich von einem Baum neben der Straße gepflückt hatte. Die war so sauer, daß er beim Erzählen noch das Gesicht verzieht. Daß er zu Fuß unterwegs war, würde den großen Hunger erklären, von dem er oft gesprochen hat. Deswegen hatte er sich überhaupt die Mühe gemacht, die zentimeterdicke Orangenschale zu schälen. Er erinnert sich, daß er an einer Kneipe vorbeikam, auf einer Tafel stand: Ménu 5 F. Soviel hatte er gerade noch dabei. In seinem Portemonnaie fand er eine Münze, auf der eine 5 stand. Er ging hinein, bestellte, bekam Brot, Wasser und eine Büchse Sardinen. Als er zahlen wollte und seine Münze auf den Tisch legte, war es der Kellnerin nicht genug. Mein Vater hatte ihr 5 Sou gegeben statt 5 Franc. Er wollte ihr seine Armbanduhr dalassen, es gab eine kleine Diskussion zwischen ihr und dem Mann hinter der Theke. Mein Vater konnte seine Uhr behalten und auch die 5 Sou.

Zweihundertfünfzig Kilometer zu Fuß, ich weiß nicht mal, wie lange man für so einen Weg braucht. Wie viel schafft man am Tag? Dreißig Kilometer? Fünfzig? Wo schläft man? Die erste Karte, die ich habe, die er aus Martigues schrieb, trägt den Poststempel vom 28. April 1959:

Lieber Branko, wir melden uns nur mit wenigen Worten, weil wir fast tot sind. Wir haben gebadet, und Du siehst, was auf uns gesprungen ist. Laß Dich bloß nicht ins Wasser kriegen, damit Dir so ein Unfall nicht passiert. Du bist noch klein, und wir wissen nicht, wie Du davonkommen würdest. Es grüßen Dich Milan und Drago.

Die Zeilen sind eine Anspielung auf das Kartenmotiv, es kann nicht die erste Nachricht gewesen sein, die er nach Hause schickte, dafür ist sie zu banal, er hatte seinen Bruder gefunden nach einer mehrmonatigen Reise und kein Wort darüber verloren? Er muß vorher schon geschrieben haben, wahrscheinlich war er schon vor dem 28. April in Martigues angekommen. Er könnte Anfang April Villafranca verlassen haben. Wie viele Tage er gelaufen ist, weiß er nicht, er ist

auch nicht den ganzen Weg zu Fuß gegangen, zumindest das letzte Stück ist er mit dem Zug gefahren. Vielleicht auch das erste Stück? Schließlich hatte der Mann in Menton ihn zum Bahnhof gebracht. Junge, ich weiß es nicht. Ich weiß nur, daß ich ein Zugticket von Toulon nach Marseille hatte, und am Bahnhof stand der Zug nach Istres. Ich bin über Gleise gelaufen und in Zug gestiegen. Und kurz vor Martigues erwischte mich Schaffner, weil ich kein Ticket hatte. Er sagte: Die nächste muß ich raus. Ich sagte: Oh, nein, nein – wollte ihm nicht zeigen, daß es gut für mich war, weil die nächste Station Martigues war. Woher hatte ich aber Geld für Ticket?

Auf einem dieser blauen Autobahnschilder steht in weißer Schrift: St. Raphael. Mein Vater sagt, das sagt mir was. St. Raphael, irgendwas war hier. Vielleicht die Geschichte von der Palme? Ein Gendarm war hinter ihm her, mein Vater kletterte in seiner Panik auf eine Palme und ließ seine Tasche auf der Straße stehen. Der Gendarm nahm die Tasche mit. Eine Geschichte, die ich noch nie habe glauben können.

Denn, erstens, wie ist er auf die Palme gekommen? Das nämlich ist eine Kunst für sich. Und wieso hat ihn, zweitens, der Polizist nicht entdeckt? Neben der Palme findet er die Tasche und kommt nicht auf die Idee, daß der Gesuchte vielleicht oben sitzt? Wie kann das sein?

Weiß ich doch nicht, sagt mein Vater.

Und wie bist du überhaupt auf die Palme gekommen?

Junge, damals war ich noch fit.

Die Tasche hat er später zurückbekommen. Nachdem er in Marseille als Asylant anerkannt wurde, fuhr er zusammen mit seinem Bruder in den Ort, in dem er die Tasche hatte stehenlassen. Sie gingen zur Polizei und bekamen die Tasche wieder. Die Frau des Gendarmen hatte sogar die Kleider gewaschen, gebügelt und ordentlich zusammengelegt. Warum er denn weggelaufen sei, wollte der Gendarm wissen, er hätte doch nichts zu befürchten gehabt. Das wußte ich nicht, sagte mein Vater, bei uns war die Polizei viel strenger. Was waren das für Zeiten, als noch die Ehefrauen von Polizisten Flüchtlingen die Kleider wuschen …

Wenn der noch lebt, finden wir ihn, sagt mein Vater. Wir müssen nur zur Polizeistation und nach dem Gendarm fragen, der vor fünfundvierzig Jahren hier gearbeitet hat. Der wird sich bestimmt an mich erinnern. Und dann können wir uns nachträglich bei seiner Frau bedanken. Vielleicht sollten wir Blumen kaufen.

Was wäre das für eine Szene! Zwei fremde Männer, Vater und Sohn, die ihr Blumen überreichen, und der Vater sagt, Sie haben mir damals meine Kleider gewaschen und gebügelt, erinnern Sie sich? Ich war damals neunzehn und auf der Flucht. Aber ich habe nie vergessen, was Sie für mich getan haben. Und die alte Frau wäre zu Tränen gerührt.

St. Raphael, der Ort, an dem Napoleon 1799 nach seinem Ägyptenfeldzug landete, von dem aus er 1814 die Reise ins Exil antrat und in dem Drago Ljubić im April 1959 möglicherweise auf eine Palme geklettert ist, hat heute mehr als dreißigtausend Einwohner. Und schon beim Hineinfahren wird uns klar, wie hoffnungslos es ist, den Gendarm zu finden, der Ort hat nichts von dem Beschaulichen aus den Erzählungen meines Vaters. St. Raphael ist ein Ferienort. Tausende Menschen liegen am Strand, andere sind auf der Promenade unterwegs, nur mit Mühe finden wir einen Parkplatz. Längs der Promenade stehen Dutzende Palmen. Vielleicht finden wir noch Kratzspuren, sage ich. Er sagt: Junge, laß uns lieber was essen.

# Martigues

*Milan hat mich zu seinem Chef mitgenommen, Ponchet, heißt der, und der hatte Arbeit. Im Hafen, ich mußte dicke Schiffsseile abschmirgeln und lackieren mit schwarzer Farbe, war wie Teer. Seile waren um große Tonnen gewickelt, schwer wie Blei. Es war heiß. Hinterher sah man aus wie Schwein. Schwarz im Gesicht. Wie nach Explosion. Das war Arbeit für jemand, der Vater und Mutter umgebracht hat. Wenn ich mittags in Café kam, um meinen Ambassador zu trinken, sahen mich die Frauen an, wie ein Verbrecher. Ich hab' gesagt, sehe so aus, weil hat gebrannt im Hafen. Ponchet war reich, hatte großes Haus, ihm gehörte halbe Stadt. Hatte im Garten eine Schreinerei, wo Milan und ich geschlafen haben. Wenn gesägt und gehobelt wurde und man nicht atmen konnte wegen Staub und Späne, haben wir in einer Fourgonette geschlafen. War altes Auto, Art Combi mit Ladefläche, hatten uns Betten eingerichtet, Wagen stand zwischen Bäumen. Türen und Fenster immer offen. Nachbar von Ponchet war Adouche, ein Schrotthändler. Hatte großes Grundstück voll mit Schrott. Adouche hat mir neue Arbeit gegeben, mußte den ganzen Tag Autos auseinandernehmen, gute Teile ausbauen. War besser als Seile lackieren. Geschlafen haben wir aber in Fourgonette bei Ponchet. Ein Morgen wache ich auf und habe Schmerzen, hier so in Seite, unter Brust. Sage zu Milan, bleibe hier, kann heute nicht arbeiten. Saß allein vor Fourgonette, als Frau vorbeikommt. Bleibt stehen, guckt mich an, fragt, was los ist. Mir geht nicht gut, ich zeige auf Stelle, wo weh tut. Sie kommt zu mir, faßt mir an die Stirn, sagt Fieber und bringt mich zu Doktor. Doktor sagt Milzentzündung, schreibt Medizin auf, Frau geht zu Apo-*

*theke und nimmt mich in ihr Haus. Ein großes Haus, ein Bungalow, alle Zimmer nebeneinander, paar Straßen von Adouche entfernt, höher auf Berg. Sie legt mich ins Bett, gibt mir Medizin, wäscht mein Gesicht, reibt mir Brust ein, sie kümmert sich um mich. So fing alles an. Sie heißte Monique, hat gesagt, sie ist Schwester von Michel Debré, der war Premierminister zu der Zeit. Sie hatte drei Kinder, älteste war zwölf, dreizehn, jüngste drei oder vier. Lebte mit Mann zusammen. Bernard heißte der. Monique war zehn Jahre älter als ich, und ihr gehörte Schlachterei. Einzige Schlachterei in Martigues, die Pferdefleisch verkaufte. Jeden Morgen sind Monique und ich mit Fourgonette Landstraße nach Marseille gefahren zu Schlachthof, war Hammerauto, Milan und ich haben Motor von Simca Chambord eingebaut. Bernard hat in Schlachterei gearbeitet. Hat ewig gedauert, weil unterwegs immer angehalten und Nummer geschoben zwischen Pferdehälften. Damals war ich noch jung und knusprig. In Schlachthof kannten mich alle, war stark wie Teufel, konnte halbes Pferd auf Rücken tragen, das waren vierhundertfünfzig Kilo, habe sie von Haken genommen und in Auto gebracht, alle wußten von Drago, der halbes Pferd tragen konnte. Monique war Dame von Welt. Wenn die in Schlachthof kam, haben alle alles stehen- und liegenlassen, sie wurde immer sofort bedient. Sie war schöne Frau, groß, blond, so wie eine Blondine aussehen muß. Und sie war Chefin, das konnte man schon sehen, wie sie Bernard behandelt hat. Wie ihren Angestellten. Auch Milan wohnte in ihrem Haus, er kümmerte sich um Kinder. Bernard? Hat nichts gesagt, war freundlich zu mir – ob er es wußte? Habe nicht mitbekommen, daß sie sich gestritten haben. Aber vielleicht hat er doch gewußt, daß wir was hatten. Ich habe angefangen, in Schlachterei zu arbeiten, Bernard hat mir gezeigt, wie man Fleisch zerlegt. In Mittagspause sind wir immer zusammen in Kneipe und haben Ambassador getrunken. Monique hat auch Autowerkstatt für mich aufgemacht. In andere Haus. Wir sind umgezogen, paar Kilo-*

*meter außerhalb, an Straße nach Marseille. Wie sie gemacht, weiß ich nicht, aber sie hat mir ganze Werkstatt eingerichtet. Mit Werkzeug, sogar Hebebühne. Lief aber nicht gut, paar Kunden gekommen, aber reichte nicht. Im Sommer hatten wir Haus in Carry-le-Rouet. Ist nicht weit von Martigues. Waren alle da, Kinder, Bernard, Milan. Hatten Haus neben Fernandel. Und abends haben wir zusammen gegessen in Restaurant. Fernandel, Juliette Gréco, Gilbert Bécaud, die ganze Bagage. Monique kannte die alle. Saßen alle um großen Tisch, gegessen und getrunken wie Könige, und wenn es um Bezahlen ging, hat nur einer Hand gehoben. Das reichte. Nie hat einer Geld auf Tisch gelegt, nur Hand gehoben. Da habe ich zum erstenmal Languste gegessen. Die hatten alle so Hämmerchen, ich habe so was noch nie gesehen. Junge, Langusten! So was gab es bei uns zu Hause nicht, davon konnten wir nur träumen. Ich war armer Flüchtling. Als alle draufgeklopft haben, habe ich auch draufgeklopft. Haben alle gelacht, weil ich nicht konnte. Hat gut geschmeckt. Wir haben auf großen Fuß gelebt. Die mußte Geld haben von zu Hause. Lief immer in teuersten Sachen rum. Waren auch mit Kinder und Bernard an Atlantikküste in Biarritz. Ich weiß noch die Wellen, so hohe Wellen habe ich noch nie gesehen, die haben dich umgeschmissen wie nichts. Älteste Tochter wollte nichts essen, hat mir schöne Augen gemacht. Du weißt, wie Mädchen sind, wollte mit mir ins Kino. Monique hat gesagt, wenn du sie anfaßt, bring ich dich um. Die Alte war dazu imstande. Die muß fünfundsiebzig sein, wenn die noch lebt. Wenn wir wenigstens Adouche finden, der kennt sie, der kann uns erzählen, was aus ihr geworden ist.*

Der Stecher von Martigues – die Geschichte meines Vaters. Vielleicht wäre das ein guter Titel. Mein Vater muß grinsen. Meine Mutter fände das bestimmt nicht lustig, so ein Schweinkram, sie erträgt es auch nicht, wenn Filme mit einer Liebesszene beginnen, daß die immer so was zeigen müssen, sagt sie dann, das muß doch nicht sein. Mein Vater sagt dann immer: Annelies, warum Schweinkram? Das ist schön, das hat dir auch mal gefallen. Der Stecher von Martigues. Mein Vater sagt: Nicht, daß wir noch eine Tochter finden, von der ich nichts weiß. Ich wußte immer nur von zwei Frauen in seinem Leben: meiner Mutter und seiner Ex. Daß er vor ihnen eine Affäre hatte mit einer zehn Jahre älteren Französin, die Mutter von drei Kindern war, erfahre ich zum erstenmal kurz vor unserer Reise. Er war neunzehn, als sie sich begegneten. Sie war vermutlich sogar die Frau, die ihn in Liebesdinge einführte. Vor ihr, da hatte er einige Bekanntschaften, du weißt, wie das ist, wenn man jung ist, da nimmt man das nicht so ernst, ein bißchen Knutschen auf dem Friedhof, ein bißchen Fummeln, wann aber hat er zum ersten Mal mit einer Frau geschlafen? Als Kind ist man immer unangenehm berührt, wenn man erfährt, daß die eigenen Eltern Sex haben oder mal hatten und das auch noch mit anderen Partnern. Als seien Eltern asexuelle Wesen. Ausgerechnet mein Vater, dieser Draufgänger mit dem verwegenen Gesichtsausdruck.

Eigentlich ist es eher verwunderlich, daß er nur drei Frauen in seinem Leben gehabt haben soll. Der Stecher von Martigues. Dieser Mann, der eine Affäre hatte mit einer dreifachen Mutter und im selben Haus lebte wie ihr Freund, ausgerechnet dieser Mann hat sich so angestellt, als sein Sohn dabei war, seine ersten Erfahrungen zu machen. Dieser Mann erlaubte nicht, daß eine Frau bei seinem Sohn übernachtete, selbst als dieser schon volljährig war. Er hatte nichts dagegen, daß der Sohn mit einer Frau rummachte, er hätte wahrscheinlich sogar mit ihr schlafen können, nur bitte nicht in seinem Haus. Mein Vater hatte Sorge, daß sie behaupten könnte, ich hätte sie zum Sex gezwungen und er, als Hausbesitzer, zur Verantwortung gezogen würde. Wenn ich abends wegging, sagte er, ich solle aufpassen. Das erste Mal hatte ich ihn noch gefragt: aufpassen – worauf? Du weißt schon, sagte er, das geht schneller, als man denkt, und dann hast du so'n Hosenscheißer. Ich war damals vielleicht neunzehn oder zwanzig, fast so alt wie er, als er Vater wurde. Er hat nie geklagt, mit dreiundzwanzig ist er Vater geworden, er hat nie ein Wort darüber verloren, daß es ihm vielleicht zu früh war, er hatte vorgehabt, nach Amerika zu gehen, zusammen mit Ivo, seinem Freund, aber er blieb, heiratete und wurde Vater. Mir war nie bewußt gewesen, wie jung er war, als meine Schwestern geboren wurden, ich mußte erst rechnen, Pascale 1962 geboren, Marika 1963, mein Vater 1939. Zu mir hat er nur gesagt: Paß auf.

War sie die erste? frage ich.

Was meinst du?

War Monique die erste, mit der du geschlafen hast?

Zu Hause durfte ich nicht. Meine Mutter hat verboten, daß ich ein Mädchen mitbringe. Nur diejenige, die du heiratest, hat sie gesagt.

Hattest du keine Skrupel?

Es scheint mir, als habe er darüber noch nie nachgedacht. Es dauert, bis er antwortet. Ich war jung, sagt er schließlich, und wenn man jung ist und eine Frau im Kopf hat, du weißt, wie das ist, dann denkt man nicht nach. Aber wenn ich nachdenke, vielleicht hätte ich besser die Finger von ihr lassen sollen.

Und Bernard?

Wer weiß, meistens merkt man das doch. Aber er hat es mir gegenüber nie gezeigt.

Und die Kinder?

Die älteste hat manchmal gefragt, was wir in Zimmer machen, du weißt, wie Kinder sind.

Soll ich ihm von Jeanne-Rose erzählen? Meiner Französin, die ich auch nicht vergessen kann. Die älter war als ich, keine zehn, aber immerhin fünf Jahre. Die weiter war als ich, weil ich, bis ich sie kennenlernte, nur ein bißchen rumgeknutscht hatte. Die es sich in den Kopf gesetzt hatte, mich zu verführen, weil meine Unschuld sie reizte. Soll ich ihm von ihr erzählen? Ich habe mit ihm nie über Affären oder andere Liebesgeschichten gesprochen. Er weiß nichts von Jeanne-Rose und auch nichts von anderen Frauen, außer von zweien, der einen, mit der ich lange zusammen war, und der anderen, mit der ich es noch bin. Ich weiß nicht, ob es diese Vertrautheit gibt zwischen Vätern und Söhnen, daß man sich seine Liebesgeschichten erzählt, wie dem besten Freund, mein Vater hat oft zu mir gesagt, Junge, du kannst mir alles erzählen, ich bin dein Vater, aber ich kann mich nicht erinnern, es getan zu haben. Zwar habe ich ihm mal gestanden, daß ich es war, der die Scheibe des Nachbarn eingeschossen hatte, von Liebeskummer aber oder sonstigen Sorgen habe ich ihm, soviel ich weiß, nie etwas erzählt. Er war immer so rational, und das war nicht, was ich hören wollte, zumindest nicht damals, daß es viele Frauen gibt oder daß ich erst mal die Schule hinter mich bringen sollte, einen Beruf erlernen, auf eigenen Beinen stehen, bevor ich mich verliebe. Seine Rationalität, seine, wie es mir vorkam, Emotionslosigkeit, machte es mir schwer, ihm von meinen Gefühlen zu erzählen. Als ich mal einer Frau, in die ich verliebt war, mein Auto auslieh, sagte er: Junge, laß dich nicht ausnutzen. Sei nicht blöd. Vor der Abiturprüfung sagte er, du hast doch nicht etwa Angst, oder? Junge, du schaffst das, ein Ljubić fällt nicht durch die Prüfung. Dann kam die Zeit im Krankenhaus, es war nicht klar, ob er es überstehen würde, ob er jemals wieder nach Hause käme, ich stand an seinem Bett und wollte ihm sagen, wie sehr ich ihn brauchte, daß ich ihn, auch wenn ich es nie so deutlich gesagt hatte, liebte. Meist habe ich seine Hand genommen oder ihm meine Hand auf die Wange gelegt, er hat es verstanden, das weiß ich, er hat es immer verstanden, auch vorher schon, im Krankenhaus an seinem

Bett habe ich begriffen, daß es manchmal redundant ist, über Gefühle zu sprechen. Daß sie da sind oder nicht, unabhängig davon, ob man über sie spricht oder nicht. Sind es nicht gerade die Geschichten, die nüchtern erzählt Raum lassen für Gefühle? Ist es nicht vielleicht so, daß es ohne Rationalität keine Gefühle gäbe? Unterwegs haben wir immer angehalten und Nummern geschoben zwischen Pferdehälften. Ist es wichtig zu wissen, ob er verliebt war?

Ich war neunzehn, da weiß man noch nicht, was Liebe ist.

Manchmal denke ich an Jeanne-Rose und frage mich, was gewesen wäre, wären wir zusammengeblieben. Manchmal sehne ich mich einfach nur nach ihren Küssen, die mich damals so durcheinandergebracht haben, weil ich Küsse wie ihre nie zuvor erlebt hatte. Ich denke an sie und weiß, daß sie nur deshalb die Kraft hat, weil es vorbei war, bevor es zu spät war.

In Martigues hat er seinen Bruder wiedergesehen, hatte er nicht immer gesagt, ich will Milan suchen? Er hat ihn gefunden. Wenn es ihm nur darum gegangen wäre, Milan zu finden, hätte er ein, zwei Wochen bleiben können und sich dann auf den Weg nach Hause machen können. Er aber blieb. Ein paar Tage später ist Milan mit ihm zur Polizei nach Marseille, mein Vater bekam Asyl. Hat er das vorgehabt oder hat Milan ihn überhaupt erst auf die Idee gebracht? Sei nicht blöd, du kannst hierbleiben, du kriegst Asyl, das ist überhaupt kein Problem. Hatte mein Vater wirklich keine Vorstellung von seiner Zukunft? Hat er sich einfach treiben lassen und sein Leben den Fügungen anvertraut?

Mein Vater ist morgens angekommen mit dem Zug aus Marseille, er sagt, Milan habe am Bahnhof auf ihn gewartet, nur woher sollte er gewußt haben, in welchem Zug sein kleiner Bruder saß? Es ist eher unwahrscheinlich, daß sie telefoniert haben, wahrscheinlicher ist, daß Milan nicht am Bahnhof wartete, daß mein Vater ihn aufsuchte. Er hatte seine

Adresse, und er wußte, Milan arbeitete im Hafen. Auf einmal stand er da, der kleine Bruder, und Milan schüttelte ungläubig den Kopf. Wußte er überhaupt, daß Drago sich auf den Weg gemacht hatte? Die Eltern werden es ihm geschrieben haben, wenn nicht Drago selbst. Da saß er, der ältere Bruder, und schmirgelte Schiffsseile. Sie umarmten sich, wie geht's dir? Du siehst müde aus. Und du wie nach Explosion. Mein Vater erinnert sich, daß Milan ihn gleich zu seinem Chef gebracht hat, und am selben Tag noch fing er im Hafen zu arbeiten an. Und er erinnert sich, wie wahnsinnig müde er war, so müde, daß er abends eingeschlafen ist und zwei Tage durchgeschlafen hat. Ich wollte Milan suchen. Die ganze Zeit schon frage ich mich, wie sein Verhältnis zu seinem älteren Bruder war, daß er ihn unbedingt finden wollte, oder war Milan nur das Synonym für seinen Traum von Freiheit und von einem anderen Leben? Ist Milan nicht der Name einer Vogelgattung, der Rot- und Schwarzmilan, und steht der Vogel nicht für Freiheit? Und kann man es nicht auch übertreiben mit der Interpretation?

Hattest du ein besonderes Verhältnis zu Milan? frage ich. Er sagt: Nein. Wir haben uns alle gut verstanden.

In den Akten, die mir nach der Reise vom Amt für den Schutz von Flüchtlingen und Heimatlosen zugeschickt werden, findet sich ein Fragebogen mit achtundzwanzig Fragen, die handschriftlich beantwortet wurden. Mein Vater wird sagen, es sei die Schrift seines Bruders. Die Fragen sind auf kroatisch gestellt.

*Ankunftsdatum in Frankreich, mit oder ohne Erlaubnis:* 7. IV. 1959, ohne Erlaubnis

*Ursprünglicher Beruf:* Autoelektriker, Chauffeur

*Momentaner Beruf:* Autoelektriker, Chauffeur

*Militärdienst: in welchem Land, in welcher Armee, wann?* Ich war nicht bei der Armee.

*Sprachkenntnisse (Muttersprache unterstreichen):* Kroatisch

*Wann, unter welchen Umständen, warum haben Sie Ihr Land verlassen (genaue Gründe angeben):* Am 4. IV. 1959 bin ich nach Frankreich geflüchtet, weil ich aus politischen Gründen den jugoslawischen Militärdienst nicht ableisten wollte.

*Warum sind Sie nach Frankreich gekommen?* Hier befindet sich mein Bruder, dies ist ein entwickeltes Land, und ich hoffe, daß Sie mir erlauben, auch hierbleiben zu können.

*Unter welchen Voraussetzungen (Arbeitserlaubnis, illegal, Passierschein)?* Illegal.

*Warum möchten Sie nicht in Ihre Heimat zurückkehren?* Aufgrund der jugoslawischen kommunistischen Politik.

*Warum wenden Sie sich nicht an Ihr Konsulat?* Ich habe nichts bei ihnen zu suchen.

*Welche persönlichen Dokumente besitzen Sie?* Den jugoslawischen internationalen Führerschein.

Die Autobahn nach Martigues führt am Etang de Berre vorbei, eine Art Lagune, um die herum jede Menge Raffinerien Gas abfackeln. Es ist windig, das Meer rauh. Von Martigues sind auf einem Hügel einige Hochhäuser zu sehen, und im Hintergrund eine Autobahnbrücke wie ein riesiger Aquädukt. Kaum, daß wir uns dem Ort nähern, sagt mein Vater, wir müssen jetzt mal ein Hotel finden, nicht daß wir wieder stundenlang rumfahren. Wir halten an der ersten Tankstelle, mein Vater fragt und lotst uns dann zu einem Hotel, das wenig einladend aussieht. Direkt an einer Hauptstraße, das Zimmer so eng, daß die Tür kaum zu öffnen ist. Durch das geschlossene Fenster dringt der Straßenlärm.

Es ist Sonntag, spät am Nachmittag, wir wollen ein bißchen spazieren und die Brücke suchen, an die sich mein Vater erinnert, eine Drehbrücke, die ihm als Orientierung dient, keine dreißig Meter von dieser Brücke entfernt sei die Schlachterei gewesen. Wir müssen nur die Brücke finden, sagt er. Eine

Brücke zu finden kann nicht so schwierig sein, und haben wir nicht auch eine kleine Statue gefunden, an die sich niemand erinnerte? Der Mann an der Rezeption zeigt uns den Weg, einfach die Straße hinunter, zweihundert Meter, dann kommt sie schon, die Brücke, wir könnten sie nicht verfehlen. Rechts von der Straße, die zur Brücke führt, war früher der Hafen, in dem mein Vater Seile geteert hat. Heute sind dort Parkplätze. Die gab es damals nicht, sagt er. Und die Brücke ist nicht die richtige. Die Brücke, an die sich mein Vater erinnert, lag in der Mitte auf einer Art Sockel auf, und sie konnte sich öffnen, indem sie sich drehte und dann statt quer längs zum Ufer stand. Die Brücke vor uns allerdings ist eine Hebebrücke, die sich beim Öffnen in der Mitte teilt.

Vielleicht irrst du dich?

Nein, das weiß ich genau, die Brücke hat sich gedreht, und dann sind die Schiffe durchgefahren.

Ein Kanal teilt die Stadt, der Chenal de Caronte, er ist die einzige Verbindung zwischen dem Mittelmeer und dem Etang der Berre. Zwischen rechtem und linkem Stadtufer liegt eine Insel, L'Ile, die über Brücken zu erreichen ist. Wir überqueren die Hebebrücke, wollen auf die andere Seite der Stadt, vielleicht verbindet die Brücke, die wir suchen, die Insel mit dem anderen Ufer.

Es ist sehr heiß, auch abends um fünf noch, den ganzen Weg vom Hotel, am Quai Général Charles Leclerc entlang, über die Hebebrücke, laufen wir in der Sonne, keine Bäume oder Häuser, in deren Schatten wir uns flüchten könnten.

Wollen wir eine Pause machen? frage ich.

Wegen mir nicht, sagt er.

Nicht, daß du wieder umkippst.

Junge, das war das erste Mal, das ist mir vorher noch nie passiert.

Ich muß an meine Mutter denken, Junge, renn nicht so, du weißt, Papa kann nicht so schnell. Ich bin ihm immer einige

Meter voraus, obwohl ich mir Mühe gebe, langsam zu gehen. Ich bleibe stehen und warte, bis er auf gleicher Höhe ist.

Ich bin zu schnell.

Willst deinen Alten wohl loswerden?

Wieder bleibe ich stehen. Dieses Mal aber unterhält sich mein Vater mit einem jungen Mann, der steht auf einer Leiter, die an einer Hauswand lehnt. Er hat einen Farbeimer in der einen, einen Pinsel in der anderen Hand. Sie unterhalten sich, aber es ist zu weit weg, um zu verstehen, worüber. Mein Vater hebt seinen Stock und zeigt auf die Brücke, die mittlerweile hinter uns liegt. Der junge Mann schüttelt freundlich den Kopf.

Ich habe ihn gefragt, ob er die Boucherie Chevaline kennt. Monique oder Bernard. Aber der kennt nichts. Ist erst vier Jahre in der Stadt. Und *mille neuf cent soixante* war er noch gar nicht auf Welt, hat er gesagt. Das ist so in Großstädten, da kennt sich kein Mensch mehr aus.

Mit den beiden anderen Brücken haben wir auch kein Glück, sie sind aus Stein, fest mit beiden Ufern verankert, und der Kanal auf dieser Seite der Insel viel zu schmal, als daß große Schiffe passieren könnten. Damit hat meines Vaters Orientierung keinen Fixpunkt, und wir laufen ziellos durch die Stadt. Die Boucherie könnte überall gewesen sein. Manchmal glaubt mein Vater eine Straße zu erkennen, sagt, hier könnte es gewesen sein. Dann wieder suchen wir einen Platz, weil er sich daran erinnert, daß auf einem der Plätze oft Markt war und daß der nicht weit weg war von der Schlachterei. Aber auch das bringt uns nicht weiter. In der Rue de la République, einer der alten Gassen, die von einer Seite der Insel zur anderen führt, kommen wir an einer Schlachterei vorbei, die allerdings geschlossen hat.

Vielleicht war es die?

Nein, sagt mein Vater, je mehr ich darüber nachdenke, desto sicherer bin ich: Die Schlachterei muß auf der anderen Seite des Kanals gewesen sein, da, wo wir hergekommen sind. Man ist über die Brücke gegangen, dann die Straße entlang, es war eine Straße, die breiter war als diese Gasse, da fuhren auch Autos, die Straße führte aus der Stadt heraus nach Marseille. Jeden Nachmittag habe ich Brot gekauft und bin dann die Straße hoch nach Hause gelaufen.

Wo ist die Brücke geblieben?

Martigues ist, zumindest die Altstadt, ein ruhiger, fast schon idyllischer Ort. Die kleine Insel, von den zwei Kanälen, Canal Galliffet und Canal Baussengue, umschlossen, kleine Seitenkanäle, die wie Sackgassen enden und in denen Dutzende Fischerboote liegen. Stellenweise erinnert die Innenstadt von Martigues an Venedig. Nur die Hochhäuser im Hintergrund und diese gigantische Autobahnbrücke stören das Bild. Aber damals, vor fünfundvierzig Jahren, war diese Stadt sicher eine gute Kulisse für die Geschichte meines Vaters. Eine reiche, gut aussehende Französin, ein junger Flüchtling, eine kleine Schlachterei, Rotwein, Sonne und Meer …

Am Kanal sitzen einige Angler, alte Männer. Mein Vater stellt sich neben sie. Und erzählt von früher. *A mille neuf cent soixante, j'ai travaillé ici, à la boucherie chevaline.* Einer der Männer sieht ihn an. *Il y a un ponte qui …* mein Vater nimmt seinen rechten Arm zu Hilfe, er macht eine Drehbewegung. *Le pont tournant?* sagt der alte Mann, *oui, oui, c'était ici*, und er zeigt auf den Kanal. Die Drehbrücke sei die Verlängerung gewesen der Rue de la Republique. Aber die Brücke habe man vor einer ganzen Weile schon abgerissen. *Et la boucherie?* fragt mein Vater. Auch an die kann sich der alte Mann erinnern, der Besitzer, sagt er, lebt noch, er besitzt ein paar Pferde und hockt den ganzen Tag im Wettcafé an der Rue Jean Roque. Er zeigt uns den Weg. Die Straße, die wir gekommen sind, zurück, über die kleine Brücke, am Place Jean Jaurès nach links, und dann würden wir direkt darauf stoßen. Wenn er sich recht erinnere, dann heißt er Bruno.

Der heißte nicht Bruno, sagt mein Vater, der heißte Bernard. Und der hatte auch keine Pferde. Nur hinter der Theke. Bernard war ein kleiner, schmächtiger Mann, der ging mir bis hier. Er hält sich die Hand unterhalb der Brust. Wer weiß, vielleicht heißt Bernard mittlerweile Bruno, vielleicht hat der Alte auch nur den Namen verwechselt, vielleicht haben ihm irgendwann die vielen Pferde leid getan, die er geschlachtet und verkauft hat, daß er seitdem unter die Züchter gegangen ist. Vielleicht will ich einfach unsere erste Spur nicht gleich aufgeben.

Wir finden das Café, ein paar Tische, eine lange Theke, an der Männer stehen und auf Bildschirme starren, die von der Decke hängen. Mein Vater fragt den Kellner nach einem Bruno oder Bernard, der eine Schlachterei besessen habe, aber so einen kennt hier niemand. Mein Vater setzt sich an einen Tisch. Ich gehe noch mal durch die Innenstadt, auf der Suche nach alten Menschen. Zwei Männer, die gerade aus einem Zeitungsladen treten, sagen, daß sie sich an eine Boucherie Chevaline erinnern. Und daß es die einzige Schlachterei war, die Pferdefleisch verkauft habe. Aber das sei schon sehr lange her. Und eine alte Frau, die vor ihrem Haus steht und mit dem Fuß Zigarettenstummel vom Bürgersteig schiebt, sagt: *Bien sûr*, die Boucherie Chevaline, die war hier in der Straße, Rue de la Republique, ein paar Häuser weiter, da wo heute das Café ist, sie kennt den Mann, Patrick heißt er, Patrick Arbet. Sie waren Nachbarn, ihr selbst gehörte hier in der Straße eine kleine Pizzeria. Aber dann hat Patrick die Schlachterei verkauft und ist weggezogen. Er wohnt mittlerweile in der Nähe des Krankenhauses, in der Rue Edouard Amoref. Sie holt ein Telefonbuch und findet die Nummer.

Ich glaube, wir haben ihn, sage ich zu meinem Vater und nenne den Namen: Patrick Arbet, dem gehörte die einzige Schlachterei, die Pferdefleisch verkaufte. Das muß er sein.

Soviel ich weiß, sagt mein Vater, war Monique die Besitzerin.

Aber vielleicht hatte Monique den Laden nur gepachtet, vielleicht war Patrick der eigentliche Besitzer und falls nicht, so wird er wissen müssen, ob es noch eine andere Boucherie Chevaline gab, vielleicht kennt er Monique.

Die Nummer ist lange besetzt, erst nach Stunden geht eine Frau ans Telefon. Ob ihr Mann eine Schlachterei besessen habe?

*Oui.*

*Mille neuf cent soixante?*

*Non.*

Sie legt auf.

Wochen später, zurück in Berlin, bitte ich eine Freundin, die besser französisch spricht, noch mal anzurufen. Sie erzählt, daß sie im Hintergrund die Stimme eines Mannes gehört und daß sie gefragt hat, ob sie ihn mal sprechen könne. *Non*, sagte die Frau. Sie hat auch gefragt, ob sie einen Bernard oder eine Monique kennt. Die Antwort war: *non*. Dann legte die Frau auf.

Eine andere alte Frau, die Besitzerin eines Souvenirladens, erzählt, der Besitzer der Schlachterei habe die Stadt längst verlassen und lebe irgendwo in der Provence.

Die Boucherie, an die sich die Alten erinnern, war in der Rue de la République, die Schlachterei, die mein Vater in Erinnerung hat, lag jenseits der Brücke. Die Schlachterei lief gut, das Fleisch, das er und Monique jeden Morgen aus Marseille holten, verkauften sie noch am selben Tag, die Kunden standen Schlange. Wieso erinnert sich niemand an die Frau? So wie mein Vater sie beschreibt, muß sie eine auffallende Person gewesen sein, groß, blond, hübsch, eine Dame von Welt.

Adouche wird sich an sie erinnern, sagt mein Vater, er muß sie kennen, sie war seine Nachbarin. Also werden wir

Adouche suchen, den Schrotthändler, aber erst morgen. Es ist schon nach sieben. Wir gehen zurück ins Hotel. Mein Vater will schlafen, ich setze mich ins Auto, fahre durch Martigues, kreuz und quer. Mein Vater hat gesagt, früher habe es nicht so viele Araber gegeben. Heute prägen diese Menschen aus Algerien und Marokko das Bild der Stadt. Der Hotelbesitzer, die Angler, der Kellner im Imbiß, in dem wir am Nachmittag etwas getrunken haben – sie alle sind offensichtlich arabischer Herkunft gewesen. Auch vor der McDonald's-Filiale, in der ich mir etwas zu essen hole, stehen sie auf dem Parkplatz in Gruppen um ihre Autos, andere sitzen auf dem Gehsteig. Es scheint der Treffpunkt zu sein für junge Araber. Hin und wieder fährt jemand mit quietschenden Reifen los. Guck dir die Verrückten an, würde mein Vater sagen, das sagt er immer, wenn Jugendliche halbstark auftreten. Haben wohl nichts Besseres zu tun, als hier rumzuhängen, sollen lieber arbeiten. Es liegt an einem selbst, ob man etwas aus seinem Leben macht oder nicht, davon ist er überzeugt, das ist die Erfahrung, die er in seinem Leben gemacht hat. Daß er vielleicht auch Glück hatte, weil er in einer Zeit sein Heimatland verlassen hatte, als es noch Arbeit in Westeuropa gab, das würde er nicht gelten lassen, Glück ist wichtig, aber Glück hat nichts damit zu tun, ob man Arbeit findet oder nicht. Daß Jugendliche aus den Banlieues Autos anzünden, weil sie sich im Stich gelassen fühlen, weil sie vielleicht nie angekommen sind in Frankreich, dafür hat er kein Verständnis. Schließlich haben andere für diese Autos hart gearbeitet. Ich hingegen kann es verstehen. Ich kann verstehen, daß sich Menschen, die unzufrieden sind, auflehnen, daß sie nicht alles schweigend ertragen und daß sie für das eigene Schicksal auch andere verantwortlich machen. Oft frage ich mich, warum ich soviel toleranter bin als er. Liegt es daran, daß es mir schon immer gutging? Daß ich mich nie aus einer Armut herausarbeiten mußte? Oder ist diese vermeintliche Toleranz in Wahrheit nichts anderes als Gleichgültigkeit? Ljubić – das ist kein deutscher Name, immer wieder werde ich gefragt, wo ich herkäme. Manchmal wundern sich Menschen, wie gut ich Deutsch kann, aber das sei nicht böse gemeint, sagen sie, ihnen wird erst mit dem zweiten Gedanken bewußt, daß ich in Deutschland geboren und Deutscher sein könnte. Ich frage mich, warum ich mich noch nie ausgrenzt gefühlt habe? Weil ich so gut deutsch spreche? Weil ich so brav bin? Lernt die Sprache und seid brav, dann passiert euch nichts! Ist das die Lösung? Die Jugendlichen, die vor und hinter mir in der Schlange stehen, sprechen alle französisch. Und als ich die Filiale verlassen will, hält mir einer dieser Halbstarken die Tür auf. *Merci*, sage ich, und er nickt.

Am nächsten Morgen gehe ich ins Rathaus, erläutere der Frau am Empfang mein Anliegen und werde ins Archiv verwiesen. Eine Frau zeigt mir ein Album mit alten Fotos und Postkarten von Martigues. Auf einem der Fotos entdecke ich die Drehbrücke. Sie ist aus Eisen und steht auf einer Art Sokkel in der Mitte des Kanals. *Le pont tournant*, gebaut 1859. Ein paar Seiten weiter sind die ersten Fotos von der neuen Brücke. Sie wurde am 23. März 1962 eingeweiht, eineinhalb Jahr, nachdem mein Vater die Stadt verlassen hatte.

In einem alten Handelsregister findet die Archivarin einen Eintrag. Demnach hat es im Jahr 1961 eine Schlachterei in der Rue Lamartine 1 gegeben, der Eigentümer hieß Ranc, Félicien. Schon wieder ein Name, der meinem Vater fremd ist. Auch die Adresse stimmt nicht mit seiner Erinnerung überein.

Ich suche die Lokalredaktion auf, weil uns das schon mal weitergebracht hat. Auch dieses Mal. Einer der Redakteure kennt den Namen Adouche. Dem gehört ein Schrottplatz, sagt er und zeigt mir auf der Karte den Weg. Der Platz liegt etwas außerhalb, im Industriegebiet. Ich fahre ins Hotel zurück, um meinen Vater zu holen. Der liegt auf dem Bett und sieht fern. Er wollte nicht mit. Als ich sagte, vielleicht versuchen wir es mal im Rathaus, sagte er: Ich bleib' hier. Gestern abend war er schon kurz vor acht eingeschlafen, die Reise erschöpft ihn, so eine Fahrt bis Mitternacht, dann am nächsten Tag wieder Hunderte Kilometer im Auto, die Spaziergänge, die Unregelmäßigkeit des Tagesablaufs, das alles schafft ihn, es ist nicht erstaunlich, er ist vierundsechzig und angeschlagen, nur ich scheine das nicht wahrhaben zu wollen. Er sagt nichts, und ich merke nichts. So sehr habe ich dieses Bild vom bäumeausreißenden Vater in mir, daß es mir schwerfällt, ihn anders wahrzunehmen. Selbst den Schwächeanfall habe ich schon verdrängt. Ich denke manchmal sogar, er könnte, wenn er nur wollte, aber warum sollte ich es besser wissen als er? Ich sagte: Ruh dich aus, und sah, wie er sich aufs Bett legte und zur Fernbedienung griff, und ich zog die Tür hinter mir zu.

Ich weiß, wo wir Adouche finden.

Der lebt noch, der alte Adouche? Der muß über achtzig sein.

Er macht den Fernseher aus, zieht sich die Hose an und schüttelt dabei, kaum merkbar, den Kopf. Wir fahren ins Industriegebiet. Rue Barthélémy, ein Schrottplatz, auf dem

Schild steht: Antoine Adouche. Das muß er sein, sagt mein Vater, obwohl der Schrottplatz früher woanders war. Der Platz sieht verlassen aus, das Tor ist geschlossen. Wir warten, aber weil sich niemand blicken läßt, fahren wir zurück in die Stadt. Unterwegs halten wir bei der Post, im Telefonbuch finde ich einen Antoine Adouche, Rue Ancien de Marseille. Das muß er sein. Es ist die Straße, die stadtauswärts führt und die früher die einzige Verbindung nach Marseille war. Die alte Landstraße, auf der mein Vater und Monique jedesmal eine Ewigkeit brauchten. Früher, sagt mein Vater, standen hier nur wenige Häuser. Deswegen hat er sie auch nicht wiedererkannt, als wir sie gestern entlanggefahren sind.

Das Haus von Adouche paßt nicht zwischen all die Neubauten. Auf dem Grundstück stehen alte Autos, der Hof sieht aus wie der einer Autowerkstatt. Das Tor ist verschlossen, es ist eines dieser Eisentore, mit Längsstreben. Kein Mensch ist zu sehen. Eine Klingel gibt es nicht. Im Hof kläfft ein Hund. Nach einer Weile kommt ein alter Mann aus dem Haus, sieht uns, aber macht keine Anstalten, zu uns zu kommen. Ich winke. Er geht ins Haus zurück. Dann kommt er wieder heraus, preßt sich einen Bausch Watte zwischen Daumen und Zeigefinger. Er kommt langsam auf uns zu, sein Gang fast schlurfend. Als er in Hörweite ist, frage ich: *Vous êtes Monsieur Adouche?* Er nickt und mustert uns. Sie erkennen sich nicht, weder er meinen Vater noch mein Vater ihn. Aber es ist auch fünfundvierzig Jahre her, daß sie sich zum letzten Mal gesehen haben. Selbst mir fällt es nicht leicht, eine Ähnlichkeit zwischen dem neunzehnjährigen Drago und dem heutigen zu erkennen. Die Augen höchstens.

*Mon père a traivaillé ici*, sage ich, *mille neuf cent soixante*. Er schaut meinen Vater an. *Quel est ton nom*? fragt er. Im Hintergrund kläfft der Hund. Drago, sagt mein Vater, *je suis Drago*. Und dann lösen sich die Gesichtszüge. Adouche schüttelt ungläubig den Kopf. *Drago? Ce n'est pas vrai*, er stößt mehrfach Laute aus, die nach uhu-uhu klingen. Auf mich wirkt er etwas seltsam, schon allein weil er uns vor dem Tor stehen läßt, weder bittet er uns auf sein Grundstück, noch tritt er selbst zu uns auf den Bürgersteig, die ganze Zeit bleibt dieses Tor zwischen uns, mit seinen Längsstreben, wie im Zoo. Uhu-uhu. Er preßt die Watte auf seine Wunde zwischen Daumen und Zeigefinger, einzelne Fäden bleiben im Blut hängen. Er fragt, wo die anderen sind? *Où sont les autres?* Daß sie doch zu dritt waren, sagt er und hält drei Finger hoch. War nicht einer sogar der Bruder?

Siehst du, sagt mein Vater zu mir, Kanarinac war doch dabei, ich wußte das, der muß nach mir gekommen sein. Milan, Kanarinac und ich.

Milan ist tot, sagt mein Vater, Motorradunfall in Nantes. *Accident.*

Uhu-uhu. Adouche schüttelt den Kopf. Dann sagt er, sie hätten da oben gewohnt, und mein Vater habe immer Brot geholt und sein Bruder viel getrunken. Er spreizt Daumen und kleinen Finger und führt sich die Hand zum Mund. Jeden Nachmittag sei er runter in die Stadt und habe Wein geholt. Immer wieder sieht er meinen Vater an und sagt: *ce n'est pas vrai, Drago*! Das Tor aber bleibt geschlossen.

Wo ist der dritte? fragt Adouche. *Quel est son nom? Kana …*

Kanarinac, sagt mein Vater. *Il est mort.* Tot. Er sagt, daß sie ihn nach Marseille zur Fremdenlegion gebracht hätten, *Légion Etrangère*. Und nie wieder was von ihm gehört. *Il est mort en Afrique*. Der sei bei Boularouz oder Bouillabaisse oder so ähnlich gefallen. Da habe es Kämpfe gegeben.

*Il était gentil*, sagt Adouche und daß der hier zur Schule gegangen sei, *à l'école*, und Französisch gelernt habe. Wie lange das her sei?

*Mille neuf cent soixante.*

Uhu-uhu.

Was mit Ponchet sei, fragt mein Vater.

Der sei nicht mehr da, sagt Adouche, hier habe sich alles verändert, die ganze Stadt, alles neu. Und dann fragt er, wie alt mein Vater sei?

Vierundsechzig.

Adouche schüttelt den Kopf. *J'ai*, sagt er und zeigt auf sich, *quatre-vingt trois ans*. Dreiundachtzig.

Mein Vater imitiert das Summen einer Mücke und malt mit dem Zeigefinger Schleifen in die Luft. *Au Cameroun*, Moskito, Malaria, und dann zeigt er auf seinen Stock.

Uhu-uhu.

Mein Vater erzählt von Paris. Daß er nach Deutschland gegangen, nach *Allemagne*, und Flugzeugtechniker geworden sei. Er erzählt von Schweden, Griechenland und Moskau.

Adouche schaut auf seine Wunde. *Il y a longtemps*, sagt er, *longtemps*.

Dann stehen wir da, er jenseits des Tores, wir diesseits, es ist, als sei alles gesagt. Eine Pause entsteht, in der sich Adouche wieder die Watte auf die Wunde tupft.

Ob ich ein Foto machen darf, frage ich.

*Oui*, sagt er und geht zurück ins Haus. Ich schaue meinen Vater an, in der Hoffnung, er könne mir erklären, was los

ist mit Adouche, warum er einfach wieder geht. Mein Vater aber hat Tränen in den Augen. Er steht da, eine Hand am Tor, er blickt in den Hof und hat feuchte Augen, gerade so viel, daß die Pupillen von einem wässerigen Film bedeckt sind.

Nach einer Weile kommt Adouche wieder, er hat sich einen Kamm geholt. Er öffnet das Tor, aber nur einen Spalt, er stellt sich zu uns auf den Bürgersteig. Ich trete ein paar Schritte zurück, um sie zu fotografieren, den Schrotthändler und den Flüchtling, nach fünfundvierzig Jahren.

Dann tritt Adouche wieder auf seine Seite des Tores.

Daß seine Frau krank sei, sagt er, und er uns deshalb nicht hereinbitten könne. Er zeigt auf das Haus. Es hat den Anschein, als wolle er sich verabschieden.

Frag ihn nach Monique.

Hab' ich fast vergessen, sagt mein Vater.

*Tu te rappelles de Monique*? fragt er.

Adouche schüttelt den Kopf. *Non.*

*Monique et Bernard?*

*C'est qui?*

Mein Vater erzählt ihm von Monique, daß sie ein paar Häuser weiter gewohnt hat, die große Blondine, hübsch, die Frau von der Boucherie Chevaline, bei der er und Milan eingezogen sind, oben in den Bungalow. Und dann sagt er, die Frau, mit der ich zusammen war, erinnerst du dich nicht?

*Je ne sais pas.*

Adouche muß sie kennen, hatte mein Vater gesagt. Aber wieso kennt er sie nicht? Diese Frau erscheint mir mit jedem Tag rätselhafter. Ist sie ein Phantom? Eine Einbildung? Das soll es geben, daß ein Mensch im Laufe der Zeit seine Vorstellung als Realität wahrnimmt. Vielleicht hat er sich nach einer Frau wie Monique gesehnt, vielleicht gab es sie auch, aber sein Bild von ihr hat sich immer mehr verselbständigt. Es gibt keine Fotos von ihr, zwar scheint es die Schlachterei gegeben zu haben, aber niemand kann sich an eine Besitzerin namens Monique erinnern. Sie hat wenige Häuser von Adouche entfernt gewohnt, mein Vater sagt, er hätte ein Verhältnis mit ihr gehabt, Milan und er seien bei ihr eingezogen, aber Adouche, der sich sogar an Kanarinac erinnert, weiß nichts über sie, er kennt sie nicht mal. Dazu bleiben all die anderen Rätsel: Wieso eröffnet eine Frau von Welt eine Schlachterei? War sie wirklich die Schwester von Michel Debré, dem Premierminister? Wie konnte sie quasi über Nacht meinem Vater eine Autowerkstatt einrichten? Was war das für eine Frau, die als Mutter von drei Kindern im eigenen Haus eine Affäre anfängt mit einem neunzehnjährigen Kroaten? Hat er sich die Affäre erträumt?

Als wir im Auto sitzen, sagt mein Vater, langsam glaube ich, die Alte hat gelogen. Vielleicht hat sie mich zum Narren gehalten.

Ich sage, halb im Ernst, halb im Spaß: Vielleicht hast du nur geträumt.

Er sieht mich an, nicht sicher, ob es sich lohnt, sich aufzuregen oder nicht, und sagt: Junge, glaubst du immer noch, ich spinne?

Zehn Kilometer von Martigues entfernt liegt Carry-le-Rouet, ein kleiner Ort am Meer. Nina Simone hat hier gelebt, und auch Fernandel hat hier seine Sommer verbracht. Das lese ich in einer Biographie. Er hat die meiste Zeit des Tages auf dem Meer verbracht, in seinem Boot, beim Fischen. Und weil ihm die Touristen auf die Terrasse gestarrt haben, hat er sich eine Mauer um sein Haus bauen lassen. Über die Menschen im Ort sagte er, sie seien alle seine Freunde – *ils sont tous des amis.* Also wäre es möglich gewesen, daß mein Vater ihm begegnet ist. Wir essen in einem Restaurant am Hafen zu Abend. Den Kellner frage ich nach dem Haus von Fernandel. Er zeigt mir eines an einem Hang über dem Hafen. Das Haus mit den geschlossenen Rolläden. Wir könnten fragen, ob Fernandel ein Lieblingsrestaurant hatte, ob auch mal Juliette Gréco und Gilbert Bécaud zu Besuch waren, aber wir lassen es. Mein Vater wirkt abwesend, nach zwei Wochen habe ich das Gefühl, nicht nur die Reise, auch die Geschichte hat ihn erschöpft. Wir haben Adouche gefunden, was wollen wir mehr? Reicht es nicht, daß Fernandel hier gelebt hat? Er hat mir gezeigt, daß seine Geschichten wahr sind, die Postkarten, das Foto vom Lastwagen, das Hotel, Monsieur Pagni, dann auch noch Adouche, einer, der sich an ihn, Drago, erinnert hat – was könnte da noch kommen? Mein Vater hat, so scheint es mir, die Reise innerlich beendet. Trotzdem fahren wir noch am Haus von Fernandel vorbei, wir sehen nicht viel, weil es von einer hohen Mauer umschlossen ist. Ich stelle mir das Hummeressen vor. Wie Monique meinen Vater zum ersten Mal mitbrachte, wußte er überhaupt, wer Fernandel war? Wie er in dieser Runde saß, ein junger Mann aus einer anderen Welt, der sich ein paar Wochen zuvor nicht mal eine Büchse Sardinen leisten konnte, dieser Mann wunderte sich auf einmal über die Hämmerchen neben den Tellern, mit denen die anderen auf die Hummer geklopft haben, und weil alle draufgeklopft haben, hat er auch draufgeklopft. Wie sehr muß es ihn beeindruckt haben, daß ein Handheben reichte, um die Rechnung zu begleichen. Er hat es nicht vergessen. Nach fünfundvierzig Jahren. Anfangs fühlte ich mich beschissen, sagt er, aber dann gehörte ich dazu. So wie er überall schnell dazugehörte, Drago, der Lebemann.

Eine Frage beschäftigt meinen Vater seit Wochen, seit ich ihm von der Reise erzählt habe: Warum sind Monique und er nach Paris gegangen? Und man kann weiterfragen: Warum hat sie ihre Kinder und Bernard zurückgelassen? Welche Mutter tut so etwas? Hat sie es überhaupt getan? Warum ist Milan geblieben? Wir haben ihre Eltern in Orléans besucht, sagt mein Vater. Ein Wochenende seien sie in Orléans geblieben und dann nach Paris gezogen. Warum hat sie alles hinter sich gelassen? Mein Vater sagt, daß er nachts nicht schlafen konnte, weil ihn diese Frage so beschäftigt.

Es muß im Spätsommer 1960 gewesen sein, als Monique und mein Vater Martigues verlassen haben. Er habe sich, sagt er, kurz nachdem sie in Paris angekommen waren, eine Arbeit gesucht bei Bardin. Darüber hat er noch eine Bescheinigung: Bestätigt wird, daß Monsieur Dragutin Ljubić als Autoelektriker vom 12. September 1960 bis zum 21. Februar 1962 in der Firma L. Bardin et Fils in der Avenue Edouard-Vaillant in Billancourt gearbeitet hat.

Die letzte Karte aus Martigues, die ich habe, ist vom 3. August 1959:

Liebe Goga, wir wissen, daß Du noch keine Sammlung besitzt, und deshalb schicken wir Dir diese Karte, damit Du mit den Klamotten spielen kannst. Viele Grüße von Deinen Onkeln Milan und Drago.

Wenn ich seine Postkarten lese, meine ich, er habe Urlaub gemacht in Südfrankreich, so nichtssagend sind sie, so banal, keine Andeutung auf Probleme oder Gedanken, kein Wort von seiner Arbeit in der Schlachterei, kein Wort von der Frau, mit der er zusammen war, kein Wort vom Leben, das er führte. Entweder er hat sich wirklich nie tiefgreifende Gedanken gemacht oder er hat neben den Karten noch Briefe geschrieben, und die Karten waren das, was Karten sind: Träger von Nebensächlichkeiten. Aus Paris gibt es keine Karten mehr. Vielleicht weil in Paris der Urlaub zu Ende war und der Ernst des Lebens begann?

Wir fahren zurück nach Martigues, es wird allmählich dunkel, bald werden nur noch die Feuer zu sehen sein, als hätte jemand am Ufer der Lagune Fackeln aufgestellt. Es ist unsere letzte Nacht in Martigues. War ihm damals klar, daß er nicht zurückkommen würde?

In Paris haben sie sich eine Wohnung gesucht, drei Zimmer, Hochparterre. Er hat noch die Adresse im Kopf: Quatre-Frères-Peignot, die Straße, sagt mein Vater, ging links ab von der Avenue Emile Zola. Im Stadtplan finde ich sie, genau wie er gesagt hat, von der Avenue Emile Zola abgehend, in Fußweite der Metrostation Javel A. Citroën und der Seine. Im fünfzehnten Arrondissement. Eine gute Gegend, heute zumindest.

Monique hat sich gleich in den ersten Tagen ein neues Auto gekauft, einen Simca Etoile, auch an die Farbe erinnert er sich noch, blau wie der Himmel. Das Modell war gerade neu auf den Markt gekommen. Mein Vater hat sich sein Auto vom Schrott geholt, einen Simca Versailles V8. Er mußte nur die Zylinderkopfdichtung austauschen. Das hat er auch schon in Martigues gemacht, sich bei Adouche ein Auto vom Schrott geholt und es instand gesetzt. Er scheint nie ohne Auto gewesen zu sein. Die Autos sind letztlich auch der rote Faden, der sich durch seine Geschichte zieht.

Wenn man seinen Erzählungen glauben mag, dann scheint es, als hätten Monique und er in Paris ein neues Leben begonnen, das alte einfach beendet, Kinder, Bruder, Freund zurückgelassen und zu zweit, in einer neuen Stadt, neu angefangen. In den Erinnerungen meines Vaters haben sie nie über die Kinder gesprochen oder darüber, was war. Es ist das, was ihm heute so seltsam vorkommt, was er sich nicht erklären kann. Wie zwei Menschen, die der Qual des Alltags entkommen wollten.

In Filmen sieht man das manchmal, daß die Frau die Familie verläßt, um mit dem Geliebten ein neues Leben zu beginnen, das mehr Abenteuer verspricht, als den Kindern eine gute Mutter zu sein. Sie genießt die Freiheit, tobt sich aus, um am Ende dann doch zur Familie zurückzukehren. Weil das Familienglück das beständigere ist. Hat sie die Freiheit gesucht?

Mein Vater erzählt, sie habe eines Tages zwei Kroaten mit nach Hause gebracht. Marijan und Celavac, zumindest nannte er ihn so, weil er keine Haare hatte. *Celavac* heißt Glatzkopf. Er weiß nicht, wo sie die beiden aufgetrieben hat. Nur daß sie bei ihnen gewohnt haben, bis er sie rausgeschmissen hat, weil sie es sich in seiner Wohnung haben gutgehen lassen, während er gearbeitet hat.

Nach sechs Monaten war Monique plötzlich verschwunden. Sie sei auf einmal weggewesen, und er habe sie auch nicht gesucht.

Ihm fällt ein, daß sie ihm eine goldene Armbanduhr geschenkt hat, wohl ihr Abschiedsgeschenk. Warum hat sie ihn verlassen? Wo ist sie hin? Zurück zur Familie? Zum Film gehört auch, daß der Geliebte sich damit abfindet, daß er sie an die Familie verloren hat.

In der Alliance Française, einer Sprachschule am Boulevard Raspail, lernte er Ivo kennen, einen Kroaten aus Samobor. Ivo teilte sich mit zwei anderen Kroaten eine Wohnung, Zlatko und Franjo, den sie aber nur *seljak* nannten, Bauer, weil er mit offenem Mund aß. Vier Zimmer in der Rue Orde-

ner 98, erster Stock. Mein Vater zog bei ihnen ein. Für ihn fing damit die wilde Zeit an. Lange dachte ich, es seien die üblichen von Achtundsechzig geprägten Vorstellungen, die ihn glauben ließen, WG sei ein anderes Wort für Sex. Und daß er mir deshalb am Tag, als ich in meine erste und einzige WG zog, sagte: Paß auf! Es waren aber nicht die Achtundsechziger, er hatte seine Erfahrungen gemacht oder wie er es nennt: Es waren immer ein paar Weiber da. Die Geschichten aus dieser Zeit handeln fast nur von Frauen. Da gab es die eine, die für sie kochte und die Wohnung sauberhielt und dafür mit allen schlafen wollte. Da war der Franzose, der im Haus gegenüber wohnte und dem ein riesiger Amischlitten gehörte. Mein Vater kam mit ihm ins Gespräch, der Franzose erzählte, daß er für zwei Monate ins Gefängnis müßte, und fragte, ob mein Vater ihm während dieser Zeit einen Gefallen tun könnte. Er sollte sich um die beiden Frauen kümmern, die er in Montparnasse laufen hatte. Er sollte sie abends mit dem Amischlitten hinfahren und morgens wieder abholen. Ob er das gemacht habe, hatte ich ihn gefragt. Und er sagte: Klar, er war doch im Knast. Und hast du auch eine Nummer geschoben? Junge, sagte er, als könne er die Naivität dieser Frage kaum fassen. Was sollte ich machen? Waren hübsche Mädchen, ich hab' sie nach Hause gebracht, und dann sind sie als erstes in die Badewanne gestiegen …

Meiner Mutter hat er später erzählt, daß er an jedem Finger eine Frau gehabt habe. Damit, sagte sie, habe er oft geprahlt. So stellt man ihn sich vor, den Südländer, den Macho. Der sich von seinen Frauen die Hemden bügeln läßt und auch die Erziehung der Kinder der Mutter überläßt. Aber wie es so ist, muß es genau dieses Mannhafte gewesen sein, das dem Au-pair-Mädchen aus Deutschland imponierte. Sie hätte sich für Ivo entscheiden können, der ebenfalls in sie verliebt war, aber Ivo war der Ruhige, Zurückhaltende, später soll sie mal gesagt haben, daß er vielleicht doch besser zu ihr gepaßt hätte, aber damals, mit einundzwanzig, entschied sie sich für den Lebemann, der so charmant und einnehmend sein konnte. Sie lernte ihn in der Alliance Française kennen. Wann sie sich ineinander verliebten, wissen beide nicht mehr, nur daß sie abends, nach der Schule, oft gemeinsam in Cafés saßen, die den Boulevard säumten.

Paris, 1961. Meine Vorstellungen sind schwarzweiß, blinkende Reklametafeln in Montparnasse, ein Leben in Kneipen und unaufgeräumten Zimmern, als Film von Godard, mein Vater als Michel, Elke als Patricia, sie sitzen im Bett, den Rücken an die Wand gelehnt, und er erzählt ihr von Italien. An einem dieser Tage sagt sie ihm, daß er Vater würde. Der Mann, der es später nicht erträgt, wenn ihn irgendwas eine Viertelstunde vom Plan abbringt – auf einmal wurde er Vater. War er geschockt? Hat er sich gefreut? An was dachte er? Er mußte sich entscheiden. Eine katholische Mission hatte Ivo und ihm einen Job in einer Autowerkstatt in Chicago vermittelt und alle nötigen Papiere besorgt, sogar die Flüge. Hat er daran gedacht? Und sie? Wollte sie Mutter werden? Mein Vater blieb und schenkte Ivo zum Abschied die goldene Uhr.

Ich konnte doch Frau mit Kind nicht allein lassen.

Sie heirateten am 28. Mai 1962 in Paris. Ihre Eltern waren nicht dabei, sie hatten ihnen von der Hochzeit geschrieben, aber die Eltern waren nicht einverstanden, daß ihre Tochter so früh Mutter wurde. Sie hatten geschrieben, daß sie nichts mit ihr zu tun haben wollten. Später sind sie doch gekommen und haben Geschirr mitgebracht. Elke und er sind bei Rokko untergekommen, einem Freund von Ivo, einem Boxer. Ich erinnere mich an ein Foto von ihm, ein Schwergewicht und mit beeindruckenden Muskeln. Rokko hat mit seiner Frau in Malakoff gewohnt, im Süden von Paris. Elke und mein Vater hatten ihr eigenes Zimmer, die Küche teilten sie sich. Rokko war auch Trauzeuge. Am 7. Oktober kam Pascale zur Welt. Daß Milan da war, fiel ihm wieder ein, Milan kam ins Krankenhaus und war mal wieder schön voll. Er hatte eine Flasche Champagner dabei, und es gab Ärger mit der Krankenschwester, weil Milan sich nicht davon abbringen lassen wollte, die Flasche zu öffnen, es scherte ihn nicht, daß im Raum ein Dutzend Frauen lagen, die gerade entbunden hatten.

Am Nachmittag, nach dem Gespräch mit Adouche, hatte ich ihn gefragt, ob Milan wirklich soviel getrunken hat, wie Adouche angedeutet hatte. Anscheinend, hatte mein Vater gesagt, er hat immer Wein geholt. Ich mußte an den Brief denken, den Milan kurz vor seinem Tod seiner Frau geschickt hat, in dem er schrieb, daß er sich bessern wollte. Es scheint, daß der Alkohol ein Grund war, weswegen die Familie nicht mehr zusammenkam.

Der muß viel getrunken haben, sagte ich.

Was weiß ich, sagte mein Vater, ich weiß nur, daß er immer Wein geholt hat. Und ich Brot.

Wie lange Milan in Paris blieb, weiß er nicht, auch nicht, wo er danach hingegangen ist. Zurück nach Martigues? Der einzige Hinweis darauf ist eine Karte, die er 1965 geschrieben hat, das genaue Datum ist nicht zu entziffern:

Nach längerer Zeit grüße ich Euch alle lieb. Mir geht es gut, was ich Euch auch wünsche. Ein ausführlicher Brief folgt. Beste Grüße, Milan.

Die Karte wurde in Martigues abgestempelt.

Mein Vater sah seinen Bruder erst wieder, als der in Nantes im Gefängnis saß.

Von einem der Redakteure in Martigues habe ich die Telefonnummer vom ehemaligen Redaktionsleiter, einem Journalisten, der dreißig Jahre lang in der Lokalredaktion gearbeitet hat und nahezu jeden im Ort kennen müßte. Vielleicht ist er die letzte Hoffnung. Ich rufe ihn vom Hotel aus an, erzähle ihm von unserer Reise und von der Boucherie Chevaline, von Monique und Bernard. Ja, sagt er, die Boucherie, die kennt er, die sei ursprünglich mal in der Rue Ramade gewesen und sei dann später in die Rue de la Republique gezogen. Wir sollten ihm etwas Zeit geben, er wolle ein paar Leute anrufen und sehen, was er herausfinden könne. Er will sich morgen melden. Eigentlich wollten wir nach dem Frühstück weiterfahren, aber jetzt frage ich meinen Vater, ob wir nicht noch bleiben können. Vielleicht finden wir sie doch noch. Vielleicht hat der Journalist den entscheidenden Tip. Vielleicht lebt sie sogar noch in Martigues, und wir können sie besuchen. Sein Gesichtsausdruck läßt keinen Zweifel: Er wäre lieber gefahren. Er aber sagt: Du bist der Chef, wenn du bleiben willst, bleiben wir.

Am nächsten Morgen nach dem Frühstück gehen wir die Rue Ramade entlang, ob es hier gewesen sein könnte? frage ich. Mein Vater sagt, die Straße war größer. Von der Rue Ramade geht die Avenue Frédéric Mistral ab, eine etwas breitere Straße, die aus der Stadt hinausführt und in die alte Straße nach Marseille übergeht. Ich meine, daß es hier war, sagt er, auf der rechten Seite, die Straße kommt mir irgendwie bekannt vor. Ich frage in einigen Geschäften nach, aber keiner kann sich erinnern, daß es hier mal eine Boucherie Chevaline gegeben haben soll.

Wir setzen uns in ein Café, essen einen Salat, später Eis, wir fahren die Küstenstraße ab, halten auf einem Parkplatz und blicken auf die Lagune, kleine Schaumkronen tanzen auf den Wellen. Der letzte Tag. Ich hatte überlegt, nach Nantes zu fahren, um das Grab von Milan zu suchen. Aber nach einem Telefonat mit einer Frau von der Stadtverwaltung bin ich von dem Plan abgekommen. Sie sagte, das Grab zu finden sei aussichtslos, es gäbe mehrere Friedhöfe, und so ein einfaches Grab würde keine dreißig Jahre überdauern. Ich konnte ihr nicht mal den genauen Todestag nennen. Mein Vater erzählt, daß seine Mutter ihn damals gebeten hatte, ein Foto vom Grab zu machen und Erde mitzubringen. Ich bin auch davon abgekommen, nach Paris zu fahren. Was wollen wir in Paris? fragt mein Vater. Die Wohnung, ja, ich weiß, wo die Wohnung ist, aber da wird keiner mehr wohnen, Ivo ist damals schon gegangen, Zlatko und Franjo werden auch nicht mehr dasein. Er will nach Hause, das ist deutlich. Meine Mutter hatte am Telefon gesagt, was wollt ihr noch länger da? Zwei Wochen, das reicht ja wohl. Sie hat Sorge, daß mein Vater und ich nicht klarkommen, sie selbst scheint die Zeit ohne meinen Vater gut zu verkraften. Sie hat nach Jahren zum erstenmal die Gardinen abgehängt, gewaschen und wieder aufgehängt, hat das Wohnzimmer umgestaltet, das Sofa verrückt, Tisch und Sessel umgruppiert, sie hat die Garage geputzt, die zwei Gartenhäuschen gestrichen, den Rasen gemäht, das Unkraut zwischen den Steinplatten entfernt und ist nachmittags mit dem Fahrrad zu ihrem Bruder gefahren, acht Kilometer hin, acht zurück. Sieht so ihr Leben ohne ihn aus?

Sie ist sich sicher, daß sie ihn überlebt, die Ljubićs werden nicht alt. Vielleicht aber ist es auch nur ihre Hoffnung aus Sorge, weil sie sich nicht vorstellen kann, daß er ohne sie klarkommen könnte. Meine Mutter ist pragmatisch in allen Lebenslagen. Wenn es nicht mehr geht, weil der Garten zu viel Arbeit macht, dann ziehen wir in eine kleine Wohnung oder ins Altenheim, das ist gar nicht so schlecht, in der Nähe gibt es eines, da kann man sich eine Wohnung kaufen, man wird verpflegt und hat genug Beschäftigung. Was hatte Oma alles zu tun! Jeden Nachmittag hatte die was vor, mal gab es Kaffee und Kuchen, mal einen Spielenachmittag, mal haben sie Ausflüge gemacht, das ist doch besser, als den Kindern zur Last zu fallen. Oder willst du, daß wir dir auf der Pelle liegen? Du hast doch selbst genug zu tun. Wenn meine Mutter so etwas erzählt, dann schweigt mein Vater immer auffallend. Vielleicht weil er weiß, was es bedeutet, auf Hilfe angewiesen zu sein, vielleicht aber auch, weil er eine andere Vorstellung von Familie hat. Familie, das bedeutet, daß man sich gegenseitig hilft, und zwar selbstverständlich, ohne Gegenleistung. Wenn meine Mutter sagt, sie wolle nicht länger als zwei Tage nach Zagreb, weil sie Ivana nicht zur Last fallen will und ihr Arbeit machen, dann sagt er jedesmal: Annelies, es sind nicht alle so wie du. Meine Schwester freut sich, wenn wir kommen. Die macht das gern. Guck mal, wie die sich um alle kümmert, auch um Boris, sie kocht ihm Essen, sie wäscht ihm die Kleider, er duscht bei ihr, das ist bei uns ganz selbstverständlich. Wir haben vielleicht nicht soviel gehabt wie ihr in Deutschland, aber wir haben uns mehr umeinander gekümmert. Daß seine Eltern ins Altenheim gekommen wären, wäre undenkbar gewesen. Auch mir gefällt der Gedanke nicht, manchmal sehne ich mich sogar nach der Großfamilie, in der die Großeltern sich um die Enkel kümmern, in der alle füreinander da sind und gemeinsam an einem Tisch essen. Aber dann merke ich auch, wie weit weg das von meinem Alltag ist, wie schnell ich mich in meiner Unabhängigkeit gestört fühle und es schon als Eingriff in die Privatsphäre empfinde, wenn meine Mutter anfängt, bei uns den Tisch abzuwischen oder das Bad zu putzen. Mein Vater war dagegen, daß ich von zu Hause ausziehe, das sagt er mir zum erstenmal während dieser Reise. Ich war damals immerhin zweiundzwanzig, nur wenige meiner Freunde lebten noch bei den Eltern. Deine Mutter hat gesagt, du bist alt genug, und wir sollen dich nicht aufhalten. Ich weiß bis heute nicht, warum du wegwolltest. Dir ging es doch gut, du hattest ein eigenes Zimmer, du konntest tun und lassen, was du wolltest. Ich bin überrascht, ich wußte, daß er damals nicht begeistert war, er hatte sogar mal gesagt, daß der Kleinhirninfarkt eine Folge war, ich bin überrascht, weil ausgerechnet mein Vater nicht verstanden hat, daß ein junger Mensch das Elternhaus verläßt, um sein eigenes Leben zu beginnen. Vielleicht aber ist auch das eine Erkenntnis, die ihm sein Leben gebracht hat, vielleicht ist es ihm doch schwerer gefallen, als er zugibt, vielleicht hatte er doch Heimweh, vielleicht hat die Familie solch eine Bedeutung für ihn bekommen, gerade weil er seine so früh verlassen hat. Und vielleicht kann er deswegen nicht verstehen, warum Kinder, denen es gutgeht, von zu Hause wegwollen.

Wir fahren gerade zum wiederholten Mal durch Martigues, als mein Telefon klingelt. Der Journalist. Er hat gute Nachricht. Er hat herumtelefoniert und die Person ausfindig gemacht, der die Schlachterei damals gehörte. Ob ich etwas zu schreiben hätte, fragt er. Dann gibt er mir die Nummer durch und den Namen: Monsieur Arbet. Patrick Arbet. Ich bedanke mich, lege auf und sage: Wir können fahren.

Wir lassen Martigues hinter uns. Draußen weht ein starker Wind, wenn die Bäume einer freien Fläche weichen oder wir über Brücken fahren, dann reißt er am Wagen, ruckartig, daß ich gegensteuern muß. Der Himmel ist klar, blaßblau, wir fahren an Avignon vorbei, und mein Vater stimmt das Lied an, *Sur le pont d'Avignon lalalala lalalala*. Er konnte sich noch nie Liedtexte merken. Er hat mir, soviel ich erinnere, auch nie vorgesungen. Stolz saß er im Publikum, als ich, das war in Griechenland, einen Auftritt hatte mit meiner Geige, ich war einer von vielen, furchtbar aufgeregt und heilfroh, daß ich ohne große Aussetzer durch den Kleinen Geiger gekommen war, so hieß das Stück, das ich mit Klavierbegleitung vortrug. Hinterher wurde ein Gruppenfoto für die Zeitung gemacht, ich sitze ganz rechts am Rand, gerade noch im Bild, ich hatte nicht aufs Foto gewollt, aber dann hatte mein Vater mich einfach dazugesetzt. Um ein Instrument zu lernen, war für ihn kein Geld da, statt dessen hat er gelesen, sich Bücher aus der Bibliothek geliehen und heimlich mit der Taschenlampe unter der Bettdecke gelesen, die ganzen Russen, Gogol, Tolstoi, Dostojewski, das waren noch richtige Schriftsteller, sagt er. Ich kann mich nicht erinnern, ihn jemals mit einem Buch in der Hand gesehen zu haben. Und der einzige Kinderreim, den er mir, wenn er gutgelaunt war, vortrug, hieß: *Foto i to si ti.* Foto und das bist du – und bei *to si ti* hat er die Hose heruntergezogen und mir den nackten Hintern entgegengestreckt. Ich fand das toll – wer hat schon einen Vater, der einem den Hintern zeigt?

Das waren immer auch die Momente, die meiner Mutter peinlich waren, dann hat sie etwas verschämt gelacht, dabei den Kopf weggedreht und ihm, wie einem kleinen Kind, auf den Arm gepatscht. Wie gut, daß sie nicht dabei war, als er mal in einer Kneipe die Hose heruntergelassen hat, weil eine Frau, betrunken wie sie war, sagte, er würde sich eh nicht trauen. Ich und mich nicht trauen! sagte er dann immer, wenn er die Geschichte erzählte, die kannte mich wohl nicht. Hemmungen hat er nie gehabt, es macht ihm nichts, ins Flugzeug zu steigen, nachdem er mehrere Knoblauchzehen verdrückt hat, und wenn sich die anderen Passagiere wegdrehen oder beschweren, sagt er nur: Knoblauch ist gesund. Er versteht nicht, warum sich die Leute in Deutschland so anstellen. Als ich begann, mich für Mädchen zu interessieren, und meine größte Angst war, uncool zu wirken, hat mein Vater mich in Gegenwart eines hübschen Mädchens gefragt, ob ich gerade Taschenbillard spiele, weil ich, verlegen wie ich war, die Hände in den Hosentaschen hatte. Er ist auch, nach ein paar Gläsern, immer der erste, der laut wird und alle anderen übertönt, wenn er einen Schwank aus seinem Leben erzählt; man darf in seiner Gegenwart nicht zart besaitet sein, man muß Gefallen finden an seinem etwas derben Humor, sonst kann es sein, daß man entweder peinlich berührt ist oder sich provoziert fühlt, wenn er von Weibern spricht statt von Frauen oder allzuoft das Wort Scheiß verwendet.

Es kam schon vor, daß an den Nachbartischen der eine oder andere pikiert schaute, und es gab auch schon den Fall, daß ein deutsches Ehepaar zum Tavernenbesitzer sagte, es würde das Lokal verlassen, wenn dieser Kerl da drüben nicht aufhört, zwischen den Tischen zu tanzen, der Besitzer aber, und das erzählt mein Vater besonders gern, sagte: Wenn Sie gehen möchten, dann können Sie gern gehen, Drago bleibt nämlich.

Auch mir fiel es oft schwer, mit seiner Extrovertiertheit umzugehen. Heute morgen zum Frühstück hatte es zum erstenmal Wurst gegeben, nicht nur Baguette und Marmelade wie sonst, was meinen Vater dazu veranlaßt hat, sich die Scheiben in mehreren Schichten aufs Brot zu stapeln. Als ich ihn etwas kopfschüttelnd anschaute, sagte er: Von Kuchen und Marmelade steht kein Pimmel gerade.

Überhaupt ist er so ausgelassen wie heute nur auf der Hinfahrt gewesen. Er freut sich, daß es nach Hause geht. Eine Übernachtung noch, und dann werden wir, wenn alles gut läuft, morgen nachmittag wieder in Bremen sein. Gibt es etwas, das ich ihn noch fragen möchte? Ich habe das Gefühl, den letzten Tag nutzen zu müssen, als wäre es meine letzte Gelegenheit, es ist absurd, wenn ich darüber nachdenke. Weil man eigentlich ein ganzes Leben hat, um mit dem

Vater zu reden und es trotzdem oft verpaßt. Ich kenne das von Freunden, deren Väter gestorben sind und all die Antworten nicht mehr losgeworden sind. Man hat dreißig, vierzig, fünfzig Jahre Zeit, und man denkt, das kann ich immer noch machen, es erscheint einem wichtiger, mit Freunden zu verreisen als mit dem Vater, dann wieder geht die Arbeit vor, oder man ist doch froh, nach einem Weihnachtsfest bei den Eltern wieder nach Hause zu kommen. Wie fühlt man sich als Vater, wenn man nie gefragt wird? Wenn der Sohn fasziniert von anderen Männern erzählt, die im Krieg gelitten haben oder geflohen sind und dann Bücher darüber geschrieben haben? Wartet man als Vater auf den Tag, an dem der Sohn fragt? Nicht, weil man dann endlich erzählen könnte, sondern weil man sicher sein kann, daß es den Sohn auch interessiert. Kann ein Vater von sich aus das Gespräch suchen? Junge, ich möchte dir mal sagen, daß ich vieles falsch gemacht habe im Leben, daß ich nie richtig glücklich war. Ich habe immer nur gearbeitet, und jetzt mit fünfundsechzig ist es zu spät, um alles anders zu machen. Möchte man das als Sohn überhaupt hören? Daß der Vater sein Leben in Frage stellt und somit auch einen selbst?

Manchmal kommt es mir vor, als sei der Vater der Mensch, über den man am wenigsten weiß. Es ist kein Zufall, daß ihm die Briefform gewidmet wurde, weil es so viel leichter fällt, ihm zu schreiben, als mit ihm zu reden. Letztlich tue ich nichts anderes, auch diese Geschichte ist ein Brief an den Vater.

Es ist nicht so, daß wir uns nicht sehen, wir besuchen uns gegenseitig, fünf-, sechsmal im Jahr, jedesmal wieder freue ich mich darauf, ihn zu sehen, es ist lustig, es ist gemütlich, es ist laut, liebevoll und anstrengend, und manchmal, wenn ich im Zimmer allein mit ihm war, habe ich überlegt, ob ich ihn fragen soll, nicht: Wie geht es dir? Sondern: Bist du glücklich? Aber jedesmal kam ich zum Schluß, es sei nicht der richtige Moment. Und jetzt nach zwei Wochen mit ihm habe ich Angst, den Moment nicht ausreichend genutzt zu haben. Wer weiß, ob wir noch mal allein unterwegs sein werden. Vielleicht ist dieses Gefühl, beim Darübernachdenken, auch deswegen so absurd, weil es diesen leichten Druck auf den Kehlkopf auslöst, der mit der Angst vor dem Abschied einhergeht. Es ist so schwierig, weil man sich offenbar nicht für die Geschichte seines Vaters interessieren kann, ohne auch an den Abschied zu denken. Letztlich ist es wohl einfach die Angst vor dem Unausgesprochenen, die es so schwermacht, sich auszusprechen.

Ich reiße am Lenkrad und sage, was für ein Wind! Mein Vater sagt: Junge, mach kein Scheiß, deinem Alten bleibt noch das Herz stehen.

Auch an diesem Abend wird es nach neun, als wir in einem kleinen Dorf, zwanzig Kilometer vor Dijon, endlich einen Gasthof finden. Zuvor wurden wir von einem zum nächsten geschickt, weil auch in dieser Gegend alles ausgebucht ist. Es scheint die Prüfung, die uns die Reise auferlegt, zwar müssen wir nicht dem Gesang der Sirenen standhalten, aber doch der Wiederkehr von kopfschüttelnden Rezeptionisten. Das kannst du dir nicht vorstellen, wird mein Vater später zu meiner Mutter sagen, da war alles ausgebucht, in Italien, in Frankreich. Das habe ich noch nicht erlebt. Wo haben die nur alle das Geld her?

Wir haben das letzte freie Zimmer bekommen. Wir essen zu Abend, mein Vater sagt, jetzt lassen wir es aber krachen. Er bestellt sich Rotwein und eine Poularde, ich esse Rinderfilet, eine Crème Brulée zum Nachtisch, er trinkt einen Espresso. Auf dem Weg in unser Zimmer nehme ich mir eine Tageszeitung mit, die neben der Rezeption ausliegt. La Provence. Mein Vater schnallt sich seine Maske um und dreht sich auf die Seite, während ich im Bett liegend von den zwölf illegalen Einwanderern lese, die an der Mautstelle verhaftet wurden.

Haben sie den Lkw in Griechenland oder in Italien bestiegen? Und wohin wollten sie? Nach dem bisherigen Ermittlungsstand ließen sich diese Fragen nicht mit völliger Sicherheit beantworten. Klar sei nur, daß die lange Reise der zwölf Afghanen in eine bessere Welt gestern morgen an der Mautstelle von La Barque auf der A8 an der Ausfahrt Aix-en-Provence ihr Ende fand. Banyam Kurutlu, der Fahrer des mit Kleidungsstücken beladenen türkischen Lastwagens, der aus Nizza kam und bis Spanien fahren sollte, hatte die Beamten der Autobahnpolizei von Aubagne per Telefon verständigt. Gemeinsam mit einem für dasselbe Unternehmen tätigen Kollegen hatte er auf dem Parkplatz von La Barque eine Pause gemacht. Dort hat er angeblich gesehen, wie ein Mann den geparkten Lkw durch ein Loch in der Dachplane verließ. Die Polizei war sofort zur Stelle und fand in einem Versteck im Laderaum sechs minderjährige Jungen zwischen zwölf und siebzehn Jahren sowie sechs erwachsene Männer. Sie hatten keine Ausweispapiere bei sich, gaben aber an, afghanische Staatsbürger zu sein. Einer der illegalen Einwanderer stürzte bei einem Fluchtversuch vom Dach des Lkw und mußte mit dem Hubschrauber in die Notaufnahme eines Aixer Krankenhauses gebracht werden. Er befindet sich außer Lebensgefahr, mußte jedoch die Nacht im Krankenhaus verbringen. Drei weitere illegale Einwanderer, zwei Minderjährige und ein Erwachsener, wurden von den Rettungsleuten ebenfalls ins Krankenhaus gebracht, da sie erste Anzeichen einer Austrocknung aufwiesen. Alle Betroffenen wurden mittlerweile in der Polizeidienststelle von Aubagne in Gewahrsam genommen. Die beiden türkischen Fahrer befinden sich ebenfalls in Gewahrsam und wurden gestern am frühen Abend mit Hilfe eines Dolmetschers verhört. Die Beamten wollten sich von der Richtigkeit ihrer Angaben überzeugen. Obwohl die Polizei gestern dem Ausgang der Ermittlungen nicht vorgreifen wollte, wies sie darauf hin, daß in solchen Fällen üblicherweise eine Rückführung verfügt würde.

Ich will meinem Vater den Artikel zeigen, aber aus dem Rauschen der Pussarette schließe ich, daß er bereits eingeschlafen ist.

Bevor wir am nächsten Morgen losfahren, ruft mein Vater meine Mutter an, um ihr zu sagen, daß wir auf dem Rückweg sind. Bei Dijon, kommen heute, ja, ja, tschüs.

Ob wir was zu essen haben für unterwegs, hat sie gefragt.

Wir haben, außer den drei Flaschen Slivovitz, nichts mehr, die letzte Schokolade hat mein Vater gestern abend gegessen. Die mußte weg, hat er gesagt, wir kutschieren doch nicht Schokolade durch ganz Europa. Es ist neun Uhr, unser Plan für den Tag: Um vierzehn Uhr, kurz hinter der deutschen Grenze, werden wir haltmachen an einer Raststätte. Dann noch eine Pinkelpause bei Osnabrück. Unsere Ankunftszeit ist für sechs Uhr abends festgelegt. Meine Mutter, da bin ich sicher, wird das Essen schon warmhalten.

Elke, seine erste Frau, und er hatten damals beschlossen, nach Deutschland zu ziehen. Was sollten sie in Frankreich? Sie waren beide Ausländer. Es muß im November 1962 gewesen sein, als er zum erstenmal nach Deutschland fuhr. Mein Vater wollte Elkes Onkel in Köln ausfindig machen. Frau und Kind hatte er in Paris gelassen. Sie wollten nach Deutschland, weil Elke Deutsche war, es scheint, daß es kaum mehr war als eine fixe Idee, mein Vater war dreiundzwanzig, Elke ein Jahr jünger, sie hatte gerade ein Kind zur Welt gebracht, und während sie sich in einer Art Frauenhaus von der Geburt erholte, machte er sich auf, um seiner Familie das Leben zu bereiten. Köln, weil es von Paris aus die nächste deutsche Stadt war und weil der Onkel dort lebte, von dem sie nicht mal die Adresse hatten.

Am 10. September 1964 bekam Armando Rodrigues am Kölner Bahnhof zur Begrüßung ein Moped geschenkt, er war der millionste Gastarbeiter; mein Vater wurde bei seinem Besuch im November 1962 weder von Blaskapellen empfangen, noch schenkte man ihm ein Moped. Aus dem Leben in Köln wurde nichts, zwar wollten sie ihn bei Ford, weil ihm aber Papiere fehlten, schickten sie ihn zur Behörde, und dort drückten sie ihm einen Stempel in seinen Staatenlosenpaß, Persona non grata – und schickten ihn zurück nach Frankreich.

Wie er die Geschichte heute, vierzig Jahre später, erzählt, hat ihn die Ausweisung nicht sonderlich erschüttert, zumindest ist er nicht in Trübsal verfallen, ich kann mir vorstellen, wie er es damals Elke erzählte, solche Idioten, drükken mir einfach Stempel in Paß, sprechen nur Deutsch, kein Wort Französisch, wo gibt's so was? Später erfuhr er, daß es wohl daran lag, daß er allein gekommen war, ohne Familie, und man glaubte, er habe sie im Stich gelassen. Mir ist auch nicht klar, wie er ein paar Wochen später mit Frau und Kind nach Bremen kam als unerwünschte Person, warum man ihn nicht an der Grenze zurückgehalten hat. Solche Ungereimtheiten hätten mir vor der Reise ausgereicht, um die ganze Geschichte in Zweifel zu ziehen, aber jetzt, im Auto, nach zwei Wochen, denke ich: Was tut es zur Sache? Es ist ein Detail, das seine Geschichte nicht in Frage stellt. Zum erstenmal stelle ich mir die Frage, ob hinter meinem chronischen Mißtrauen mehr steckt als der Kampf des Hasen gegen den Grizzly: ist es womöglich eine kulturelle Entfremdung? Dieses Penible, dieser Argwohn, dieses Korrekte, als müßte seine Geschichte einer juristischen Prüfung standhalten – ist das das Deutsche in mir? In Zagreb, im Kreise seiner Geschwister und Cousins, hat niemand solche Fragen gestellt, sie haben zugehört, sie haben ihn erzählen lassen und bestimmt gemerkt, daß sich seine Geschichten im Laufe der Jahre verändert haben. Ich war der einzige, der ihn skeptisch ansah, als er von den Pferdehälften erzählte, die er auf dem Rücken trug, als sei es wichtig, ob ein Mensch vierhundertfünfzig Kilo heben konnte oder nicht.

In Bremen erwartete sie die Großmutter, die erste Zeit wohnten sie bei ihr, in ihrer Parzelle im Dickstielweg, ein Zimmer, eine Küche, kein fließendes Wasser. Wir haben draußen in einen Alu-Topf geschissen, sagt mein Vater. Und weil ich lache, sagt er: Junge, das war so, das kannst du dir gar nicht mehr vorstellen. Er kann sich auch deshalb daran erinnern, weil es so kalt war und sie jedesmal Jacken anziehen mußten. Elke, er und Pascale schliefen in der Küche. Die erste Zeit war länger, als sie gedacht hatten: fast ein Jahr. Ich glaube nicht, daß mein Vater sich Gedanken gemacht hat, daß er nach einer Flucht und vierjährigen Odyssee wieder in einem Haus mit Plumpsklo angekommen war. Er hätte sich fragen können, ob es das war, wofür er abgehauen war, aber ich glaube, er war viel zu pragmatisch, um sich solche Fragen zu stellen. Wichtiger war es, schnell Arbeit zu finden und eine Wohnung. Er ging zu Schmidt & Koch, einem Volkswagen-Händler in der Stresemannstraße, wahrscheinlich war Elke dabei, er sprach ja kein Deutsch. Sie waren nach Bremen gekommen, weil sie hofften, dort bessere Chancen zu haben als in Cäciliengroden, dem Dorf bei Wilhelmshaven, aus dem Elke kam. Und sie sollten recht behalten. Mein Vater bekam sofort Arbeit.

Ein Schild kündigt Nancy an. Nächste Ausfahrt. Ich muß an Mišun denken. Nancy und Nantes, das kann man verwechseln, drei gleiche Buchstaben mit unterschiedlicher Endung. Einmal falsch eingeprägt, ein Druckfehler im Hirn, und schon ist der Vater in Nancy gestorben statt in Nantes. Um so mehr beeindruckt mich das Gedächtnis meines Vaters. Fünfundvierzig Jahre, und doch ist ihm so vieles in Erinnerung geblieben, Namen, Straßen, sogar kleine Poller. Fünfundvierzig Jahre und eine Operation am Kleinhirn. An guten Tagen sagt er, er habe zu viel Hirn, sei zu klug gewesen, deshalb hätten sie ihm Teile des Kleinhirns rausgenommen. Das Kleinhirn steuert die Motorik, die Koordination, mit der Erinnerung hat es offensichtlich nichts zu tun.

Bei Schmidt & Koch hat er wochenlang Blinker montiert. Die Käfer mußten umgerüstet werden: von Winker auf Blinker. Seine Kollegen waren sauer auf ihn, weil er in einer Stunde das geschafft hat, was sie in drei schafften. Siebzig Mark war normal, er hat im Akkord hundertzehn verdient. Und weil er das Geld brauchte, ließ er sich in die Unfallabteilung versetzen, da konnte er soviel arbeiten, wie er wollte. Sie waren zu dritt, Harry, der Chef, ein Deutscher, José, ein Spanier, und Drago, der Kroate. Der ging nach der Arbeit bei Schmidt & Koch noch zu Löwe, einem anderen Autohändler, und baute manchmal bis nachts Unfallautos zusammen.

Die Unfallabteilung war in einer anderen Filiale. Dort bot man ihm sogar eine Baracke an, in die er mit der Familie ziehen konnte. Es war die Wohnung, in der zuvor der Hausmeister gelebt hatte. Drei Zimmer, auf einem Hof, in der Einflugschneise des Flughafens, umgeben von Werkstätten. Tagsüber war überall das Klopfen und Hämmern zu hören. Aber sie hatten Strom und Wasser. Elke mußte nebenbei die Büros putzen. Ist ihm irgend etwas in Erinnerung geblieben, was in Deutschland anders war, was ihn störte, an das er sich gewöhnen mußte? Die Stechuhr, sagt er. Ich war mein Leben lang pünktlich, auch ohne Stechuhr, bei Gluhak hatten wir keine, auch in Frankreich nicht, ich brauche niemanden, der mich kontrolliert. Das habe ich denen auch gesagt, ich habe gesagt, daß ich mich nie an Stechuhr gewöhnen werde.

Wie oft bin ich, als ich noch in Bremen lebte, an der Filiale vorbeigefahren. Daß mein Vater dort mal gearbeitet hatte, wußte ich. Wir haben oft miteinander Autos angeschaut. Dann fuhren wir zu Autohändlern, sahen uns die neuen Modelle an, setzten uns hinein und nahmen jede Menge Prospekte mit. Während ich mich meist hinters Steuer setzte, öffnete er die Haube und begutachtete den Motor. Ich weiß noch, wie wir mal bei Schmidt & Koch waren und mein Vater den Verkäufer nach Namen fragte und ob die noch hier arbeiteten. Das muß Anfang der Neunziger gewesen sein. Mein Vater, glaube ich, hatte gehofft, vielleicht ein paar Prozente beim Kauf eines Autos zu bekommen, als ehemaliger Kollege, aber dem Verkäufer war das sichtlich egal. Und mein Vater kaufte einen Peugeot. Ich habe mir nie Gedanken gemacht, wie es für ihn war, dort bei Schmidt & Koch, als junger Mann, der gerade nach Deutschland gekommen war und kein Deutsch sprach.

Er spielt an den Armaturen herum, macht das Radio an und aus, schiebt den Regler für die Lüftung von kalt nach warm und wieder zurück.

Wie haben sie dich damals behandelt? frage ich.

Gut, sagt er.

Mußtest du nicht die Drecksarbeit machen?

Junge, ich war ausgelernt, ich hatte meinen Meister in der Tasche.

Hast du dich fremd gefühlt?

Nö, war überall zu Hause.

Wie einfach Integration doch sein kann. Warum all die Sorgen, nur weil man in einem fremden Land lebt, die Sprache nicht spricht und sich an die Mentalität gewöhnen muß? Und wenn einem jemand blöd kommt? Dann stößt man ihn einfach in den Graben. Ein deutscher Nachbar im Kleingartengebiet, so ein kleiner Zwerg, der meinem Vater nicht mal bis zur Brust reichte, hat die Oma gepiesackt, weil sie die Familie aufgenommen hatte, obwohl das Wohnen in den Parzellen untersagt war. Dieser kleine Nachbar hat immer geschimpft, bis mein Vater ihn eines Tages in den Graben geworfen hat, der zwischen den Grundstücken verlief. Danach war Ruhe.

Ich sehe ihn an, wie er neben mir sitzt. Er ist immer noch ein Koloß von Mann, bestimmt würde er die Kraftprobe immer noch gewinnen. Junge, noch ist es nicht soweit! Er dreht sich zu mir, schaut mich kurz an und lächelt. Wann sind seine Haare so grau geworden?

Weit vor der deutschen Grenze, kurz nach Arlon, sagt mein Vater: Ich muß mal.

Wir wollten doch erst in Deutschland halten, sage ich.

Junge, bis dahin habe ich mir in die Hosen gemacht.

Hast du keine Flasche?

Junge, sagt er, halt lieber an, sonst gibt's Unglück.

Früher hat er sich immer geärgert, wenn meine Mutter oder ich aufs Klo mußten. Dann hat er immer die Autos gezählt, die vorbeifuhren und die er schon mal überholt hatte.

Ich halte auf dem nächsten Parkplatz. Mein Vater steigt aus und stellt sich hinter einen Baum.

Sieben, sage ich, nachdem er wieder eingestiegen ist, sieben und zwei Busse.

Bis zur deutschen Grenze sind es noch hundert Kilometer, kaum Verkehr, hin und wieder überholen wir einen Bus, die meisten haben ein deutsches Kennzeichen. Manchmal winken uns Kinder zu. Er winkt zurück. Mittlerweile ist er selbst Opa. Und ich Vater. Ich wollte es nie glauben, aber es stimmt, es ändert die Sicht auf den eigenen Vater. Viel öfter als früher erkenne ich ihn in mir, es ist seine Geste, wenn ich die Augenbraue hochziehe, dabei mit dem Finger das untere Lid herunterziehe und sage: Nicht mit mir! Es ist seine Ungeduld, wenn ich manchmal laut werde, statt zu erklären; daß meine Söhne, wenn sie in die Badewanne steigen, als erstes hineinpinkeln, haben sie nur indirekt von mir, und es ist sein Kosename, mit dem ich den älteren meiner Söhne rufe: Hase. Während der Reise habe ich mir manchmal vorgestellt, was wäre, wenn ich auf dem Beifahrersitz säße? Was hätte ich zu erzählen?

Bald sind wir in Deutschland, sagt er.

Ich nicke.

In einer Baracke auf dem Hof einer Autowerkstatt zu leben war nicht, was sich Elke und er erträumt hatten. Sie wollten eine Wohnung, eine richtige Wohnung. Aber die zu finden war schwieriger, als sie gedacht hatten. In ihrer Verzweiflung schrieb Elke sogar dem damaligen Bürgermeister Wilhelm Kaisen. Er antwortete, daß es viele Menschen gäbe, die keine Wohnung hätten, und wünschte ihnen viel Glück bei der Suche. Fast hätten sie auch eine Wohnung bekommen, Stader Straße, drei Zimmer, über einer Bäckerei, Elke hatte telefonisch alles geklärt, sie kamen abends, um die Wohnung zu besichtigen, alles lief gut, bis zu dem Moment, als mein Vater etwas zu Elke sagte, zu der Zeit sprachen sie noch französisch miteinander. Der Eigentümer rief: Ein Ausländer, bloß nicht! Und wie hat er reagiert?

Da kannst du nichts machen, sagt er.

War es das einzige Mal, daß du Schwierigkeiten hattest, weil du Ausländer warst?

Junge, bin waschechter Deutscher.

Er sieht mich an und sagt: War einziges Mal, sonst mit allen klargekommen, war in Autobranche bekannt wie bunter Hund. In Zulassungsstelle kannte mich jeder.

Wie sich herausstellt, war mein Vater zu jener Zeit nebenbei Autohändler. Innerhalb von sechs Monaten hatte er hundertzwei Autos zugelassen. Peugeots, Käfer, Opel, Renaults –

alles. Damals konnte man mit gebrauchten Autos noch Geschäfte machen. Er hat alte Autos gekauft, in Schuß gebracht und über die Zeitung wieder verkauft. Die guten an private Käufer, die weniger guten an Autohändler. Er erinnert sich, daß er sich mal von einem Kollegen bis kurz vor einen Autohändler hat schleppen lassen, um dann die letzten Meter auf den Hof zu fahren und den Wagen in Zahlung zu geben. Das Auto hatte ein Loch im Getriebe, das er notdürftig geflickt hatte. Die Arbeit bei der Lufthansa gab ihm die Möglichkeit, nebenbei an den Autos zu basteln. Bis eines Tages sein Chef schimpfte, weil der ganze Parkplatz voll war mit den Autos meines Vaters. Später wird meine Mutter sagen, du glaubst gar nicht, wie viele Autos dein Vater hatte. Ich muß lachen. Ich wußte gar nicht, daß du im Autogeschäft warst, sage ich.

Du weißt vieles nicht, sagt er.

Aber es paßt zum Bild: der Südländer, der immer seine kleinen Geschäfte am Laufen hat.

Zu einer Wohnung kamen sie letztlich über einen Mann, den mein Vater bei Schmidt & Koch kennenlernte. Das war Schwager von einem Werder-Spieler, Hänel oder Händl oder so ähnlich heißte der, sagt mein Vater, du mußt den doch kennen. Als wüßte ich, nur weil ich Fan von Werder Bremen bin, ob es 1963 einen Spieler gab mit dem Namen Hänel oder Händl. Später werde ich in einer Vereinschronik nachschlagen, weil ich es kaum glauben mag, daß die Geschichte meines Vaters – wenn auch nur am Rande – eine Verbindung hat zu meinem Lieblingsverein. Und wirklich: Es gab einen Spieler namens Klaus Hänel, genannt Atze, er war Mittelfeldspieler von 1963 bis 1968 und spielte mit Sepp Piontek und Dieter »Eisenfuß« Höttges in der Mannschaft, die 1965 Meister wurde. Bestimmt war es dieser Atze Hänel, und ich kann schreiben: Der Schwager eines Meisterspielers verhalf meinem Vater zu seiner ersten richtigen Wohnung in Deutschland. Der Schwager von Atze Hänel, ein Schweizer aus Luzern, fragte meinen Vater, ob der mit ihm im Auto in die Schweiz fahren wolle. Unterwegs erzählte mein Vater von der Schwierigkeit, eine Wohnung zu finden. Und der Schwager erzählte vom Schwiegervater, der im Wohnungsamt arbeitete. So kamen Elke und mein Vater zu einer Dreizimmerwohnung, Sozialbau, in der Graubündener Straße.

Ich muß an meine Mutter denken, wie sie manchmal die Jacke meines Vaters zurechtzupft, bevor sie das Haus verlassen, oder entsetzt ruft: Wie siehst du denn aus!, wenn das T-Shirt meines Vaters Flecken hat. Als zerrissene Hosen in Mode waren, Ende der Achtziger, konnte ich sie nur mit Mühe davon abbringen, die Löcher zu stopfen, ihre Sorge war, daß die Leute denken könnten, die Ljubićs hätten kein Geld für anständige Kleider. Mein Vater wehrte sich zwar gelegentlich, besonders wenn sie ihm vor Leuten den Hemdkragen zurechtrückte, Annelies, laß das, aber auch ihm war an einem anständigen Erscheinungsbild gelegen, ohne zu murren zog er sich ein frisches T-Shirt an, wenn das, das er trug, Flecken hatte, und zu den Löchern in meiner Hose sagte er: Du läufst rum wie ein Schlamper. Wir waren arm, aber mit Löchern in den Klamotten sind wir nie rumgelaufen. Armut ist nichts, wofür man sich schämen müßte, vorausgesetzt, man bleibt ordentlich.

Ich muß an all das denken, weil mein Vater oft davon erzählt hat, wie wenig sie anfangs hatten, als sie sich kennenlernten, meine Mutter und er. Und da ging es ihm schon besser als zu der Zeit mit Elke. Die Hochzeit mit meiner Mutter feierten sie im Wohnzimmer ihrer Eltern, meine Großmutter hatte eine Hochzeitssuppe gekocht, dazu gab es Rouladen und Rotkohl. Für mehr reichte es nicht, meine Mutter hatte etwas Geld gespart, davon hat mein Vater ein Auto gekauft, die Möbel für ihre erste gemeinsame Wohnung, zwei Zimmer, achtunddreißig Quadratmeter, in der Hannoverschen Straße, haben sie auf Pump gekauft.

Was mit den Jahren folgte, ist eigentlich eine Geschichte, die man so gern als amerikanische Geschichte bezeichnet und die Grund dafür ist, warum es bis heute Menschen aus aller Welt in die USA zieht und bei allen Schwierigkeiten, die sie in dem Land haben, sich trotzdem so schnell dieser Gesellschaft zugehörig fühlen; es ist die Geschichte vom selbstverdienten Glück, von einem Menschen, der eine Chance bekam und sie nutzte. Wenn mein Vater von der Armut erzählt, dann schwingt darin auch immer der Stolz mit, sie überwunden zu haben – und zwar mit den eigenen Händen. Mein Vater bekam keine Einführung in deutsche Leitkultur, er hat nie Goethe gelesen, und den Text der Nationalhymne kennt er auch nicht, Deutsch lernte er im Alltag, und die größten Integrationshilfen waren die Liebe zu zwei deutschen Frauen und die Arbeit, die ihm den Wohlstand ermöglichte.

Für mich ist es erstaunlich, wie sehr er sich von seiner eigenen kulturellen Identität gelöst hat. Er hat nie jugoslawische Musik gehört, jugoslawische Zeitungen gelesen oder jugoslawisches Fernsehen geschaut. Und soweit ich weiß, hat er nicht mal jugoslawische Freunde in Deutschland. In Paris hatte er mit Landsleuten zu tun gehabt, aber mit dem Schritt nach Deutschland, so scheint es, hat er sich von allem, was ihn an seine Heimat erinnerte, entfernt. Mein Vater wurde Deutscher – im formalen Sinn. Am 30. Juni 1971 bekam er seine Einbürgerungsurkunde. Siebenhundertfünfzig Mark hat sie ihn gekostet. Mein Vater hatte die Antragsformulare ausgefüllt und verschickt, obwohl man ihm gesagt hatte, er müsse noch warten, weil er noch nicht lange genug in Deutschland war. Und wenn er es doch täte? Er wollte wissen, was passieren konnte, und man sagte ihm, das Geld würde er nicht zurückbekommen, das sei das Risiko. Er hatte Glück. Er bekam den deutschen Paß, kurz bevor er für die Lufthansa nach Zagreb ging. In seiner Erinnerung ging das mit der Einbürgerung viel schneller, er glaubte, bereits Ende der Sechziger die Staatsbürgerschaft bekommen zu haben. Als er vor unserer Reise die Urkunde heraussuchte und das Datum sah, sagte er: 1971 erst, so lange hat das gedauert?

Glaubst du, frage ich ihn, als wir uns der belgischen Grenze nähern, du hast etwas Deutsches an dir?

Was mich überrascht, ist nicht die Antwort, sondern sein Zögern. Erst ist er still, dann schaut er aus dem Fenster, und danach sagt er, für seine Verhältnisse, ungewöhnlich leise: Ich denke schon.

Als sei ihm zum erstenmal die Kehrseite bewußt geworden, am Ende dieser Reise in die Vergangenheit, die ihm seine Herkunft in Erinnerung gerufen hat, und die Kehrseite könnte sein, daß er sich von dieser Herkunft entfernt hat. Ist es das?

Du bist so nachdenklich, sage ich. Und er sagt: Junge, nein, wie kommst du darauf?

Mein Vater wurde Deutscher – nicht nur im formalen Sinn. Was aber bedeutet es? Daß er sich als Teil dieser Gesellschaft empfindet? Ist das nicht eigentlich die Definition für eine gelungene Integration? Was wird von Menschen wie meinem Vater erwartet? Es ist eine immer wiederkehrende Debatte, was bedeutet Integration? Reicht es, sich zum Grundgesetz zu bekennen? Muß man Deutsch können? Schiller gelesen haben? In all den Debatten um die deutsche Leitkultur klingt die Erwartung durch: Sie sollen sich in diese Gesellschaft integrieren, ohne aufzufallen, sie sollen Deutsche werden, als gäbe es eine deutsche Wesensart, als gehörten zur sogenannten Leitkultur, neben Schiller und Goethe, auch Pünktlichkeit, Fleiß und Ordentlichkeit. Wenn es das ist, dann kann das Land stolz sein auf meinen

Vater. Er schottet sich nicht ab, er geht in keine Moschee, er ißt Eisbein und Schnitzel und sogar Labskaus, obwohl es ihm nicht schmeckt, er riecht manchmal nach Knoblauch, aber das war's schon. Sicherlich, er könnte, wie sein berühmter Onkel, seinen Namen eindeutschen lassen, aus Ljubić mach Lubitsch, sein Deutsch könnte besser sein, er hätte, Michael Jackson nachahmend, seine Haut bleichen lassen können, er könnte sein Temperament ein wenig zügeln und auch mal in der Küche helfen, und er müßte nicht morgens schon den Fernseher einschalten, weil das doch so typisch ist für Südländer, während in deutschen Familien lieber pädagogisch wertvoll gespielt, gelesen oder Bach gehört wird. Diese ganze Debatte hat den Haken, daß sie von einer Definition des Deutschseins ausgeht, nach der man der Mehrheit der Deutschen ihre Staatsangehörigkeit aberkennen müßte. Mein Vater war auch als Jugoslawe schon pünktlich und fleißig, und auch als Deutscher denkt er bei Faust als erstes an die Klitschkos – wie wahrscheinlich viele andere Deutsche auch. Und wie sie schimpft er über Politiker, die das Land zugrunde richten, er schimpft auf Menschen, die lieber vom Staat leben, als zu arbeiten, er schimpft auf ein System, das so etwas überhaupt möglich macht, er spricht gern von früher, als alles noch besser war, als die Menschen noch gearbeitet haben und die Bahn pünktlich fuhr. Früher war auch Bremen noch wie aus dem Ei gepellt, daß jemand bei Rot über die Straße ging, gab es nicht. Er könnte an jedem Stammtisch dieses Landes sitzen und würde nur deshalb auffallen, weil er gebrochen Deutsch spräche und seine Haut einen südländischen Teint hätte.

Mein Vater hält sich mit der rechten Hand am Griff über der Tür fest. Die Welt zieht vorbei, Wiesen, Bäume, hin und wieder Häuser, aus den Augenwinkeln sehe ich seine Finger, die sich um den Griff klammern, und ich denke, vielleicht ist es das, was sich verändert hat in seinem Leben, er braucht etwas, an dem er sich festhalten kann. Vielleicht fühlt er sich deswegen so wohl in Deutschland. Hier gibt es feste Zeiten fürs Rasenmähen; um kurz vor drei holt er das Gerät aus dem Schuppen, rollt das Verlängerungskabel von der Trommel, steckt den Stecker ein, um Punkt drei heult der Mäher auf. Hier gibt es so viele geschriebene und ungeschriebene Regeln, und vielleicht ist es eine logische Folge, daß ein Mensch, der einen Teil seines Lebens im Transit verbracht hat, Halt im Alltäglichen sucht, daß er, der keinen geordneten Lebenslauf hatte, soviel Wert auf Ordnung legt.

Haben wir noch was zu essen? frage ich.

Er greift hinter seinen Sitz und holt die Kühltasche hervor. Er öffnet den Reißverschluß, kramt ein paar Servietten heraus und hält sie hoch.

Hast du Hunger? fragt er.

Nein, sage ich.

Wir können bei nächster Raststätte halten, sagt er.

Er ist nicht der einzige, der ungern außerplanmäßig hält. Meine Freundin schüttelt jedesmal den Kopf, wenn sie sagt, sie müsse mal und dann meinen Gesichtsausdruck sieht. Der Ljubić will mal wieder durchfahren, sagt sie dann, dreht sich zu den Söhnen um und sagt: Euer Vater hat 'ne Macke.

Es ist nicht mehr weit, sage ich, wir halten in Deutschland.

Man könnte sagen, daß es Zahnschmerzen waren, die meinen Vater in die Arme meiner Mutter führten. Einer der drei Zähne, die ihm nach dem Motorradunfall wieder eingesteckt wurden, fing an zu wackeln, weswegen er eines Tages Ende 1965 bei Dr. Nagel auf dem Zahnarztstuhl lag, den Mund weit geöffnet, und während Dr. Nagel sich über ihn beugte, stand das Fräulein Annelies daneben und reichte Dr. Nagel die Instrumente. Mein Vater erzählte ihnen die Geschichte vom Unfall und dem Arzt in der Klinik, der die drei Vorderzähne provisorisch gerichtet hatte. Dr. Nagel lachte, weil er nicht glauben konnte, daß dieses Konstrukt fünfzehn Jahre gehalten hatte.

Was hast du gedacht, als du sie das erste Mal gesehen hast?

Hat mich geärgert, daß sie lacht über mich. Außerdem hatte sie schulterlange rote Haare. Ich hasse rote Haare.

Und trotzdem hast du dich in sie verliebt?

Haare kann man ändern.

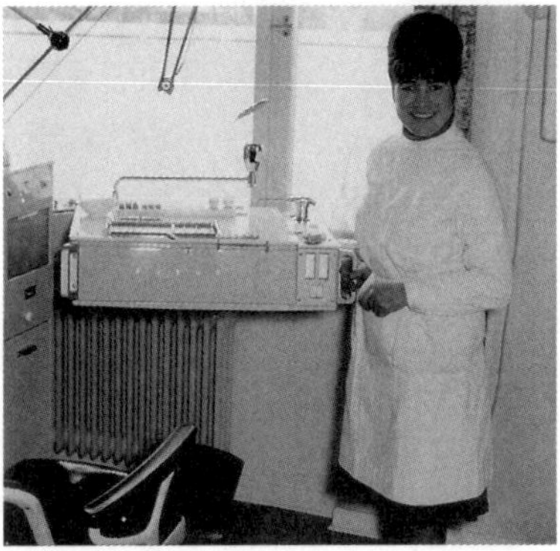

So bekommt alles seinen Sinn im Leben, selbst ein Motorradunfall, bei dem man drei Zähne verliert. Wäre fünfzehn Jahre zuvor nicht ein Zuschauer über die Straße gelaufen, wäre mein Vater nicht gegen die Hauswand gefahren, hätte er keine Zähne verloren und fünfzehn Jahre später keine Schmerzen, wäre er Annelies Spauke nicht begegnet. Hätte es mich nicht gegeben.

Bei ihrer zweiten Begegnung hat es in Strömen geregnet. Meine Mutter wartete auf den Bus, sie hatte Mittagspause und fuhr jedesmal zum Essen nach Hause, um Geld zu sparen. Sie stand also an der Haltestelle, es goß, als der Mann, der später mein Vater werden sollte, anhielt, die Scheibe seines blauen Fiat 600 herunterkurbelte und anbot, sie nach Hause zu fahren. Sie sagte, sie wolle lieber auf den Bus warten. Und er? Vermutlich irgendwas in der Art von: Komm, steig ein, wirst nicht naß, Bus kann dauern. Sie stieg in sein Auto, und er brachte sie nach Hause – und zwei Jahre später heirateten sie, am 8. Juli 1968 im Standesamt Bremen-Hemelingen. Wann er das erste Mal die anderen Spaukes kennenlernte, das weiß er nicht mehr. Nur daß meine Großmutter

ihn sich mal vorknöpfte. Sie hatte ihn zum Busdepot zitiert, sie gingen in eine Kneipe, und bei einer Bratwurst fragte sie, ob es ihm ernst sei mit ihrer Tochter, schließlich sei er verheiratet.

Davor aber wird meine Mutter ihn mitgebracht und ihn den Eltern vorgestellt haben. Das ist Drago, das sind meine Eltern. Drago wird sich an dem Tag eine gute Hose angezogen, ein Hemd vielleicht und sich die Haare gerichtet haben, mit einem Kamm, den er zuvor unter dem Wasserhahn befeuchtet hatte. So hat er auch mir früher den Scheitel gezogen, wenn es darum ging, anständig auszusehen.

Liesbeth und Willi werden am Küchentisch gesessen und ihn etwas mißmutig angeschaut haben, das konnte mein Opa gut, Fremden den Eindruck vermitteln, daß es tausend Dinge gäbe, die er lieber täte, als mit ihnen zu reden. Meine Oma wird ihm einen Platz angeboten haben, weil es sich so gehörte. Und während mein Opa ihn musterte, wird meine Oma ihn ausgefragt haben: Meine Tochter erzählt, Sie sind verheiratet…

Meine Großmutter. Sie war immer für andere da. Sie hat vier Kinder großgezogen, den Haushalt geschmissen, ihren Willi bemuttert, sie hat sich um ihre Stiefmutter, die bis zum Tod mit im Haus lebte, gekümmert; sie wurde dreiundneunzig. Sie hat von mittags bis abends in ihrem Kiosk gearbeitet und Frau Thalheimer im Blindenheim bis zu deren Tod gepflegt. Erst nach dem Tod ihres Mannes fing sie an, es sich schönzumachen, wie sie sagte, da war sie zweiundsiebzig. Sie ging auf Reisen; mit anderen Senioren machte sie Kaffeefahrten in den Harz, nach Berlin, in die Zone, und sie fuhr nach Polen, um das Haus wiederzusehen, in dem sie vor dem Krieg gewohnt und aus dem sie die Russen vertrieben hatten. Diese Geschichten von der Flucht hat sie mir so oft erzählt, und jedesmal wieder hatte sie dabei geweint. Allein deswegen, glaube ich, habe ich ihre Geschichten nie in Zweifel gezogen, wie konnten Geschichten, die fünfzig Jahre später noch Tränen fließen ließen, nicht wahr sein? Lag es daran? Hätte mein Vater seine Geschichten mit mehr Wehmut erzählen sollen?

Meine Großmutter ist jeden Freitag zum Schlesiertreffen gegangen, und als ich mal fragte, was sie dort täte, sagte sie: singen und reden. Diese Sehnsucht konnte ich mir nie erklären, hatte sie doch längst eine neue Heimat gefunden in Bremen, sie hatte ein Haus, einen Garten, Freunde, warum traf sie sich Jahrzehnte später mit anderen Menschen, um die alte Heimat zu besingen? Vielleicht konnte ich es mir auch deswegen nicht vorstellen, weil mein Vater so ganz anders mit seiner Flucht umgegangen war, Sehnsucht nach seiner Heimat schien er nicht zu verspüren, und an die Emigration erinnerte er sich nicht mit Tränen; sie war zur Abenteuergeschichte geworden, ein Held zog aus, um die Welt zu erobern. Aber vielleicht ist es dieses kleine Präfix, das den Unterschied macht: er, der Getriebene, sie, die Vertriebene.

Meine Großmutter dachte bei fast allem, was sie tat, an die Leute. Was sollen denn die Leute denken? Mir war nie klar, wer diese Leute waren. Oder dieses Über-man, das ihr Leben so fremdbestimmt erscheinen ließ. Das macht man nicht! Wer aber war: man? War man der Gott der Kleinbürger? Man war allgegenwärtig und man, so schien es mir, registrierte jedes Sichgehenlassen, man war unerbittlich. Man ließ meine Oma nicht zur Ruhe kommen, sie konnte doch das Geschirr nicht ungespült in der Küche stehenlassen, das Bad mußte sauber sein und das Beet in der Einfahrt geharkt. Man hatte etwas dagegen, daß meine Mutter vor der Hochzeit bei meinem Vater übernachtete, man wollte, daß die Kinder gerade am Tisch saßen, nicht halb liegend, wie es mein Großvater am liebsten mochte, man schlurfte seine Suppe nicht, man aß um Punkt zwölf zu Mittag, man warf kein Essen weg, und mans wegen mußte sich sogar Willi umziehen, wenn sie eingeladen waren, Willi, der so gern in seinem Gartenzeugs rumlief, in Gummistiefeln und blauer Arbeitsjacke. Meine Großmutter war diejenige, die darauf achtete, daß man zufrieden war mit ihr und ihrer Familie. Auch wenn Willi später gern auf der Küchenbank lümmelte und meine Oma ihn manchmal schlafend im Liegestuhl fand.

Willi gab sich gern härter, als er war. Dazu paßte auch seine auf den ersten Blick schroffe Art. Mein Vater erinnert sich, daß er mal mit den Spaukes im Garten saß, es war schönes Wetter, ein netter Nachmittag, dann wollten meine Mutter und er weg, sie saßen schon im Auto, als Opa kam, die Tür aufriß und wie aus heiterem Himmel schrie: Um zwölf ist sie wieder da! Sein wahres Ich zeigte sich beim Hühnerschlachten, eigentlich brachte er es nicht übers Herz, ein Huhn zu töten, aber er tat es, weil er nicht eingestehen wollte, daß ihm die Hühner leid taten. Also, und das ist die Geschichte, die mein Vater so gern erzählt, nahm er ein Huhn, legte es auf einen Holzstumpf, nahm das Beil, um den Heiz zu durchtrennen, im Moment des Zuschlagens aber schloß er die Augen und drehte seinen Kopf weg, so daß es manchmal mehrerer Hiebe bedurfte, bis der Heiz durch war und das Huhn nicht selten kopflos durch den Garten flatterte. Willi, so heißt es, sei ein Eigenbrötler gewesen, ein Kauz, stur genug, daß er mit vierundsiebzig noch Auto fuhr, auch wenn es den anderen Insassen den Angstschweiß auf die Stirn trieb, Willi ließ sich von nichts abbringen. Am liebsten aß er Milchsuppe mit Brot und schaute den Frühschoppen.

Während Liesbeth und Willi den Neuen – wie hieß der noch gleich? Drago? – in Augenschein nahmen, könnte Doris im Wohnzimmer gestanden und versucht haben, das ein oder andere Wort zu erhaschen. Doris, die Schwester, war eineinhalb Jahre älter als meine Mutter und war zu jener Zeit auch verliebt, in einen Maschinenbaustudenten aus Delmenhorst. Doris, als älteste Tochter, war diejenige, die sich um Haushalt und die jüngste Schwester kümmerte, schon als Kind mußte sie nach der Schule im Kiosk der Eltern aushelfen. Als mein Vater zum erstenmal den Spaukes vorgestellt wurde, arbeitete Doris als Sekretärin in der Kirchengemeinde. Aber auch sie erinnert sich nicht mehr an den Tag, als mein Vater der Familie vorgestellt wurde.

Reinhard, der Älteste, war damals schon ausgezogen, er lebte mit seiner Frau zwei Häuser weiter, bei den Kruses. Reinhard war gelernter Werkzeugmacher und immer sehr genau, in allem, was er tat, ein Hundertprozentiger, wie mein Vater sagt, und immer hilfsbereit. Heute lebt Reinhard keine zehn Kilometer entfernt, jede Woche kommt er auf einen Sprung bei meinen Eltern vorbei und sitzt dann mit meinem Vater zusammen und klagt darüber, was aus diesem Land geworden ist. Auch er kann sich an den Tag nicht erinnern, genauso wenig wie Gudrun, die Jüngste, der man es nachsehen muß, sie war damals acht Jahre alt und spielte wahrscheinlich im Garten, der mittlerweile ihr gehört. Meine Oma wollte, daß das Haus in der Familie bleibt, und als sie auszog, um ein paar Straßen weiter in ein Seniorenwohnheim zu ziehen, zog Gudrun mit ihrem Freund ins Haus, in dem sie groß geworden ist. Eine Doppelhaushälfte, zwei Ebenen, unten Küche, Eß- und Wohnzimmer und Waschküche, oben drei kleine Zimmer. Zu sechst haben sie hier

gelebt, während der ersten Jahre nach dem Krieg hatten sie auch noch eine Familie aufnehmen müssen, die im oberen Stockwerk wohnte. Im Garten bauten sie das Lebensnotwendige an, Kartoffeln, Rote Bete, Salat, Zwiebeln, den Schuppen hatte mein Opa zu einem Hühnerstall ausgebaut. So sah es aus bei den Spaukes, als mein Vater 1968 einheiratete. War nette Familie, sagt er.

Die Familie nahm ihn, den Kroaten, auf. Hatte keine Probleme, sagt er. Reinhard und Hella machten ihn mit ihren Freunden bekannt, mit meiner Mutter ging er ins Tanzlokal und tanzte mit ihr zu Ted Herold und Peter Kraus, weil dieses Rumtumtum von rockenden Schreihälsen ihm noch nie gefallen hat. Hin und wieder gingen sie in den Wienerwald zum Essen, und einmal im Monat trafen sie sich mit dem Kegelverein. Und wie in allen Sportarten war er auch im Kegeln ein Champion.

Sein Telefon klingelt. Meine Mutter. Sie will wissen, wann wir kommen. Wegen dem Essen.

Kurz vor der deutschen Grenze verfahren wir uns, eigentlich hatten wir über Venlo nach Duisburg fahren wollen, Duisburg aber ist nicht ausgeschildert, mein Vater hat den Atlas auf den Knien, fährt mit dem Zeigefinger die rote Linie entlang, nächste links, sagt er – und ich frage, bist du sicher? Junge, sagt er, vertraust du deinem Vater nicht?

Wir fahren die nächste links.

Früher, das weiß ich noch, habe ich ihn immer gelotst, ich war sein Navigator. Die nächste rechts, zweite links, geradeaus. Du bist ein guter Copilot, hat er gesagt und sich immer auf meine Anweisungen verlassen. Ich erinnere mich, wir machten Urlaub in Los Angeles, wir besuchten Seaworld bei San Diego, mein Vater war gefahren, ich hatte ihn gelotst, und nachdem wir angekommen waren, wurde ihm schwarz vor Augen. Das fällt mir jetzt ein, daß es schon mal passiert ist, lange vor unserer Reise. Wir stützten ihn, so gut es ging, und brachten ihn zur Erste-Hilfe-Station, wo ihm der Puls gemessen wurde und er sich ausruhte, während meine Mutter und ich die Delphine und Wale anschauten. Ich weiß noch, wie wir ihn anschließend im Rollstuhl zum Auto schoben, eine Wolldecke über die Beine gebreitet. Jahre später hat er noch davon gesprochen, weil es so unbegreiflich war, daß er einen Schwächeanfall erlitten hatte, aus heiterem Himmel, der erste seines Lebens. Er hat auch davon gesprochen, weil er stolz war auf seine Frau, die den Wagen durch den dichten Verkehr von Los Angeles steuerte, und auf seinen Sohn, der sie lotste. Es war das erste Mal gewesen, daß er meine Hilfe brauchte.

Wir entfernen uns von der Grenze, Eindhoven, dreißig Kilometer, steht auf einem Schild. Wir sind falsch abgebogen. Unser Tagesplan ist durcheinander, wir erreichen die Grenze erst gegen drei Uhr, im Ruhrgebiet geraten wir noch in einen Stau, so daß wir erst gegen fünf an einer Raststätte halten. Mein Vater nimmt es gelassen, er bestellt ein Wiener Schnitzel, wir setzen uns an einen Tisch mit Blick auf die Autobahn. Wir schweigen und essen. Ich fange an, Autos zu zählen, Autos, die nach Norden fahren, das haben wir früher immer gemacht, als ich noch Kind war. Er die aus der einen Richtung, ich die aus der anderen. Gewonnen hatte, wer mehr zählte. Mein Vater hat vor mir aufgegessen, wie immer. Er wartet und sieht aus dem Fenster. Zweiundsechzig, sagt er.

Was? frage ich.

Zweiundsechzig Autos. Nach Süden.

Dreiundvierzig, sage ich.

Er schnalzt mit der Zunge, was er oft macht, wenn er gute Laune hat.

Na, begeistert war ich nicht, sagte meine Mutter, als wir kurz vor der Reise spazierengingen. Es war das erste Mal, daß ich mit ihr über meinen Vater gesprochen habe. Wir sind durch die Siedlung gegangen, an Doppelhäusern vorbei, gepflegte Gärten, die Rasen gemäht, die Hecken gestutzt, und trotzdem schienen die Häuser unbewohnt, selbst Samstag nachmittag, Stille, einige Vögel zwitscherten, hin und wieder war jemand hinter dem Küchenfenster zu sehen, Schatten in Menschenform, sonst gab es kein Lebenszeichen, und trotzdem fühlte ich mich beobachtet. Man kann auch sagen: Hier kümmert man sich noch, hier ist man sich nicht egal, meine Mutter fühlt sich sicher, weil kein Fremder unbemerkt an den vielen Küchenfenstern vorbeikommt. Hier fällt ein Fremder noch auf.

Ich hatte sie gefragt, ob es sie gestört hat, daß er Kinder hatte und verheiratet war.

Begeistert war sie nicht.

Und was hat sie fasziniert an ihm?

Ja, was hat mich fasziniert? sagte sie und suchte nach Worten. Wie er war, mit ihm war immer was los. Er hat die Leute zum Lachen gebracht. Er hat mich zum Flughafen mitgenommen und mir die Flugzeuge gezeigt. Das fand ich toll.

Zu der Zeit, als sie sich kennenlernten, arbeitete mein Vater bereits für die Lufthansa. Er hatte sich auf eine Stellenanzeige in der Zeitung beworben. Er war unter dreiunddreißig Bewerbern der einzige Ausländer. Und machte sich keine großen Hoffnungen, weil sein Deutsch so schlecht war. Er

hörte nichts und hatte den Job schon abgeschrieben, als ein Kollege bei Schmidt & Koch ihm riet, doch mal anzurufen. Mein Vater bekam den Job, nur zwei von den dreiunddreißig hatten es geschafft – und so fing seine berufliche Karriere an, die ihn von Bremen nach Zagreb, nach Schweden, Griechenland, Moskau, Kamerun führte und fast in den Iran. Aber da kam ihm die Mücke in die Quere. Nach neunundzwanzig Jahren schied er aus dem Dienst, infolge einer Malaria, einer Bauchspeicheldrüsenentzündung und eines Kleinhirninfarkts – und dem Nachweis einer achtzigprozentigen Invalidität.

Ich habe ein paarmal bei ihm übernachtet, sagte meine Mutter, da war er schon ausgezogen und lebte in einer kleinen Wohnung. Die Mutter aber war ganz schön sauer.

Es fällt mir nicht leicht, mir meine Mutter mit zwanzig vorzustellen, dem Alter, in dem sie sich kennenlernten. Auf Fotos wirkt sie nicht wie die gute Hausfrau, die sie damals schon war oder zumindest werden sollte, die so erzogen wurde, weil es nicht anders ging mit drei Geschwistern und Eltern, die den ganzen Tag arbeiteten, auf Fotos hat sie etwas Aufreizendes, lange Haare, schöne Figur und ein kekker Blick. Deine Mutter war eine wunderschöne Frau, sagt er manchmal, ist sie immer noch. Und manchmal, wenn sie ihm das Glas vor der Nase wegräumt, weil sie es nicht erträgt, daß Gläser herumstehen, sagt er, je älter du wirst, je schlimmer wirst du – und dann nimmt er sie in den Arm und sagt: *majčica*, du weißt, ich hab' dich lieb, du bist mein ein und alles. *Majčica* bedeutet soviel wie kleine Mutter.

Mein Vater war siebenundzwanzig, als er seine Familie verließ, er, der so vernünftig ist, hatte sich für die neue Liebe entschieden.

Wir gingen die Runde, die sie immer mit meinem Vater geht, einmal rumrum, wie er sagen würde, und meine Mutter zeigte mir die Häuser, in die in den letzten Jahren so viele Rußlanddeutsche eingezogen sind. Die bauen sich alles selbst aus, die sind fleißig. Ich stellte mir vor, wie mein Vater, der junge Kroate, hier zum erstenmal auftauchte, mit der jungen Annelies im Auto. Was haben sie gedacht hinter ihren Küchenfenstern?

Ob es ein Problem für sie war, hatte ich meine Mutter gefragt, daß er Ausländer war. Und sie sagte: Nein. Mein Vater mochte ihn, er hat ihm doch immer die Autos repariert, und meine Mutter hat er abends immer von der Arbeit abgeholt. Die mochten ihn alle.

Hundert Kilometer noch, bis ihn der Alltag wiederhat, der Alltag, der sich mit seiner Krankheit so verändert hat, weil er sich nie daran gewöhnt hat, nicht mehr der Grizzly zu sein. Wie oft beginnt er Sätze mit früher hatte ich, früher konnte ich. Er war stark genug, die Schläge einzustecken, ein anderer, hatte der Arzt gesagt, hätte all das nicht überstanden, aber manchmal scheint es mir, daß er diesem Kampf seinen Willen geopfert hat, er hat das Schicksal hingenommen, die Kopfschmerzen, gegen die er nichts machen kann, er hat nach der Kur das Laufen wieder erlernt, aber da ist das Knie, das schmerzt und das so viele Ärzte untersucht haben, ohne die Ursache zu finden. Es gibt Menschen, die so einen Schicksalsschlag zum Anlaß nehmen, das Leben zu ändern, nicht mehr zu trinken oder zu rauchen, zu reisen, dem Streß abzuschwören, Sport zu treiben, gesund zu essen. Mein Vater lebt mit den Folgen. Er kämpft nicht mehr, er sieht fern und sagt, wenn ich wenigstens in die Kiste springen könnte. Was täte er ohne meine Mutter? Das einzige, das er jemals gekocht hat, war Reis mit Ei. Er hat nie Wäsche gewaschen, er hat Geld verdient. Es ist seine Rente, von der sie leben. Früher ist er oft losgefahren, zum Markt, Fleisch kaufen, er hat sich mittags mit Kollegen zum Essen getroffen, er ist abends unterwegs gewesen und erst frühmorgens wiedergekommen, manchmal ohne etwas zu sagen, und meine Mutter wartete zu Hause und machte sich Sorgen. So wie in jeder Minute der vergangenen zwei Wochen.

Es ist nicht mehr weit, als ich ihn frage. Bist du glücklich?

Und er fragt, glücklich mit was?

Mit allem, dem Leben.

Haben Haus, Wohnung, Auto. Was willst du mehr? Das einzige, sagt er und macht eine kurze Pause, das einzige ist diese Krankheit. Das mußte nicht sein. Ich weiß auch nicht, warum mich das Schicksal so bestraft hat.

Er hat mir einmal das Leben gerettet. Wir haben einen Fahrradausflug gemacht, eine steile Straße, die auf eine Hauptstraße traf, mein Vater stand schon unten und wartete auf eine Lücke im Verkehr, als ich hinuntersauste, immer schneller wurde und in meiner Panik nur noch schreien konnte, meine Füße und Hände waren wie gelähmt, ich bremste nicht, ich lenkte nicht, ich schoß einfach geradeaus auf die Straße zu. Im letzten Moment streckte mein Vater seinen Arm aus, wie eine Schranke, und stoppte meine Schußfahrt aus dem Stand ab. Immer wieder geht mir diese Szene durch den Kopf. Vierzig Kilo und ein Fahrrad mit dem Schwung einer steilen Abfahrt, sein rechter Arm hatte ausgereicht, und mein Vater war einfach stehengeblieben, wie verankert, sein Fahrrad hatte sich keinen Zentimeter bewegt. Nur ein Grizzly konnte solche Kraft haben. Weißt du noch? frage ich ihn. Aber er erinnert sich nicht.

Um 18.47 Uhr biegen wir in die Straße, in der meine Eltern wohnen. Hat sich nichts verändert, sagt mein Vater, als hätte sich hier in den vergangenen vierzig Jahren etwas verändert, außer daß die Häuser irgendwann Klinker bekamen und seit einigen Jahren in manchen Gärten Neubauten entstehen, in die die Kinder mit den Enkeln ziehen. In dieser Straße hat meine Mutter gewohnt, in dieser Straße hat mein Onkel seine erste Wohnung gehabt, nachdem er von zu Hause ausgezogen war, und in dieser Straße haben meine Eltern vor achtzehn Jahren ihre Doppelhaushälfte gekauft. Aus dem Küchenfenster kann man auf die Hälfte schauen, in der meine Mutter aufgewachsen ist. Auf Reisen habe ich mal einen Australier getroffen, einen dieser Kosmopoliten, die schon überall waren. Zwei Dinge, sagte er, unterscheidet Deutschland vom Rest der Welt. Nirgendwo sonst gäbe es Jägerzäune, und nirgendwo sonst warteten die Menschen vor einer roten Fußgängerampel, selbst wenn kein Auto in Sicht sei. Meine Eltern haben einen Jägerzaun vor dem Haus, und wenn ich bei Rot über die Straße gehe, rufen sie: Es ist Rot!

Der Grizzly in der Doppelhaushälfte. Manchmal denke ich, das paßt nicht. Mein Vater gehört hier nicht her, und daß er den ganzen Tag vor dem Fernseher sitzt, ist nur ein Ausdruck dafür. Er klagt häufig über Kopfschmerzen und macht das Klima dafür verantwortlich. Diese Kälte und dieser ewige Regen. Und es geht ihm jedesmal besser, wenn sie nach Spanien fliegen in ihre kleine Ferienwohnung. Es ist meine Mutter, die sich nicht lösen kann vom Haus in Bremen, es ist ihr Zuhause, schon all die Jahre, als meine Eltern im Ausland umhergezogen sind, hatte sie sich immer eine Bleibe gewünscht, in der sie es sich schönmachen konnte, in der sie endlich mal länger bleiben würden als nur ein paar Jahre. Mein Vater hatte diese Sehnsucht nie. Dann aber denke ich, das paßt doch. Wo könnte jemand wie er, der sich als waschechter Deutscher sieht, anders wohnen als in einer Doppelhaushälfte? Wer hierherkommt, muß sich anpassen, sagt er jedesmal, wenn es um Ausländer geht. Er hat sich angepaßt, mehr noch. Er verkörpert sein eigenes Bild vom Deutschen. So sehr, daß es genau diese Eigenschaften sind, die mich am meisten gestört haben: Korrektheit und Pünktlichkeit. Manchmal habe ich mir gewünscht, er hätte etwas südländische Gelassenheit, aber das hat ihn schon in Griechenland aufgeregt, daß er sich auf Griechen nicht verlassen konnte, wenn sie sagten, *Avrio*, morgen, und *Avrio* war *Avrio*. So muß man sich nicht wundern, wenn man zu nichts kommt. Wenn ich manchmal sage, ich sei zumindest zur Hälfte Kroate und froh, in Zagreb geboren worden zu sein, weil es mir wenigstens ein bißchen Exotik verleiht, sagt er: Junge, was willst du? Du hast einen deutschen Paß. Ich ärgere mich über mich selbst, wenn ich mir Gedanken mache, weil ich in der Straßenbahn die Füße auf den Rand des Sitzes vor mir stelle, gerade weil man das nicht macht, möchte ich es machen, aber meistens ziehe ich meine Füße zurück. So tief ist dieses Man in mir, tiefer, so scheint es mir, als bei meinen Freunden, deren Väter schon immer Deutsche waren und nicht erst wurden.

Meine Mutter sieht uns durchs Küchenfenster. Wir halten auf dem kleinen Hof vor der Garage. Kurz darauf geht die Haustür auf, und sie steht da, ein Geschirrtuch in der einen Hand, und lächelt, wie nur meine Mutter lächeln kann: eine Freude, deren Ausdruck sie zu kontrollieren versucht, ein Grinsen, das jederzeit in ein Lachen überzugehen scheint und meist auch tut, wenn man sie darauf anspricht. Mein Vater sagt oft: *Majčica*, lach mal! Und dann ist es, als würde der Widerstand brechen und sich ihre Gesichtsmuskeln entspannen. Mein Vater öffnet seine Tür. Der Alte ist da, sagt er, damit hast du wohl nicht gerechnet. Mein Vater umarmt meine Mutter, sie steht dabei auf den Fußspitzen, sie ist dreißig Zentimeter kleiner als er. Das wird aber Zeit, sagt sie. Und mein Vater erzählt vom Stau im Ruhrgebiet, wie wir uns im Schrittempo von Duisburg über Essen nach Recklinghausen geschoben haben. Meine Mutter sagt: Das Essen ist schon fertig, ich muß es nur noch auf den Tisch stellen. Wir laden das Auto aus. Seinen Koffer, meine Tasche, die Pussarette und die Tüte mit den drei Flaschen Slivovitz. Im Garten sprudelt der kleine Springbrunnen, der Rhododendron blüht, die Hortensien, die Azaleen. Es ist Anfang Juni, allmählich wird es Sommer. Schau mal, wie schön alles blüht, sagt sie. Jeden Tag verbringt sie Stunden mit Gartenarbeit. Du solltest dich mal lieber reposieren, sagt mein Vater. Aber das kann sie nicht, sie kann nicht dasitzen und nichts tun. Mein Vater schaut sich die neue Ordnung im Wohnzimmer an, die gewaschenen Gardinen. Schön, sagt er. Es hat sich doch etwas geändert. Nach achtzehn Jahren. Wir setzen uns in die Küche. Na, *majčica*, freust du dich, daß der Alte wieder da ist? Da ist wieder ihr Grinsen. Beim Essen erzählt mein Vater von Adouche, dem alten Adouche, der ihn wiedererkannt hat und auch noch wußte, daß sie zu dritt waren. Er erzählt von Korsika und dem Hotel, das wir gefunden haben, aber der alte Adouche, Mensch, daß der mich noch kannte, nach fünfundvierzig Jahren, der war noch ganz fit für sein Alter, der ist auch schon dreiundachtzig. Nur Monique, keine Ahnung, was aus der geworden ist. Wir haben Schlachterei nicht mehr gefunden. Wart ihr auch mal baden? fragt meine Mutter. Einmal im Pool in Jesolo, so was hast du noch nicht gesehen, ein Hotel neben dem anderen, im Sommer treten die sich da gegenseitig tot. Und das Wetter? Gut. Die ganze Zeit hatten wir gutes Wetter, nicht einmal Regen. In Italien, Mensch, auf der Autobahn an Raststätte, so viele Salami und Schinken hast du noch nie gesehen. Nebenbei sieht er die Post durch. Schöne Grüße von Ivana, sagt er, alles wie immer. Wir essen Rouladen und Kartoffeln. Aus dem kleinen Weltempfänger tönt ein deutscher Schlager. Roy Black oder so etwas Ähnliches. Schräg gegenüber haben sie ihre Hochzeit gefeiert, vor siebenunddreißig Jahren, jeden Tag, wenn er seine Runde dreht, geht er an dem Haus vorbei. Das war mir nie bewußt, daß er jeden Tag an seiner Vergangenheit vorbeigeht, an dem vielleicht schönsten Tag seines Lebens. Denkt er manchmal daran? Ich könnte ihn fragen, aber ich frage nicht, weil ich glaube, die Antwort zu kennen. Junge, warum soll ich daran denken? Ist so lange her. Vielleicht tue ich ihm auch Unrecht, weil ich zu viel glaube und zu wenig frage. Vielleicht ist es das, was die Reise mir gezeigt hat. Also: Denkst du manchmal daran?

Ach, Junge …

Nach dem Essen geht mein Vater hinaus, zum Auto, öffnet die Motorhaube, mißt den Ölstand. Dann holt er sein Heft aus dem Handschuhfach, in das er bei jedem Tanken den Kilometerstand, die Benzinmenge und den Preis notiert hat. Er holt einen Taschenrechner aus dem Wohnzimmerschrank, setzt sich aufs Sofa und fängt an zu rechnen. Fast fünftausend Kilometer, dreihundert Liter Benzin, dreihundertsiebzig Euro. Da kann man nicht meckern, gutes Auto. Dann räumt er alles wieder weg, verstaut Stift, Heft und Taschenrechner im Fach unter dem Couchtisch und schaltet den Fernseher ein.

# Epilog

Ich mußte immerzu an sie denken, auch nachdem wir längst wieder angekommen waren im Alltag, er in seinem, ich in meinem. Aber diese Frau ging mir nicht mehr aus dem Kopf, zu viele Rätsel hatte sie hinterlassen. Monique. Das Phantom. Die Frau, die eine Affäre hatte mit meinem Vater, die mit ihm nach Paris ging und von einem Tag auf den nächsten wieder aus seinem Leben verschwand. Vielleicht ließe sich alles erklären. Aber wie? Wer war sie wirklich? Zumindest nicht die Schwester von Michel Debré. Er hatte keine. Warum aber hat sie es meinem Vater erzählt? Um sich bedeutsam zu machen? Hatte sie vielleicht nur einen Scherz gemacht, den der junge Kroate nicht verstanden hatte? Ich wollte sie finden, um ihr all diese Fragen zu stellen. Weil sich in Martigues niemand an sie erinnern konnte, habe ich das Handelsgericht angeschrieben und gefragt, ob es 1959 eine Boucherie Chevaline in Martigues gab. Es gab sie, in der Avenue Frederic Mistral, wie mein Vater gesagt hatte. Und der Inhaber war eine Frau namens Monique, die dem Geburtsdatum nach zehn Jahre älter war als mein Vater. Was er nicht wußte: Sie hat im April 1960 Konkurs angemeldet. Hat sie deswegen Martigues verlassen?

Monique lebt, sie ist siebenundsiebzig Jahre alt und hat noch mal geheiratet. Das habe ich vom Standesamt ihres Geburtsorts erfahren. Wo sie aber heute lebt, ließ sich nicht herausfinden, weil es in Frankreich keine Meldepflicht gibt. Im Telefonbuch gibt es annähernd sechzig Einträge mit ihrem Nachnamen und dem Vornamen Monique oder der

Abkürzung M. Wir haben sie alle angerufen, in der Hoffnung auf dieses Schweigen am anderen Ende, das jede Verwechslung ausschließen würde. Wie würde sie das Schweigen brechen? Freudig überrascht? Entsetzt? Die meisten M. hießen nicht Monique, sondern Michelle oder Marthe oder Mireille. Aber dann gab es einige Telefonate, während der ich das Schweigen zu hören glaubte. Ja, sagte ein Mann, ich kenne Monique. Aber die, die er kannte, hat nie in Martigues gelebt. Ein anderer kannte eine Monique in Orly, deren Mann aber hieß nicht wie der Mann, den sie geheiratet hatte. Einer wurde pampig, fragte: Woher kennen Sie eigentlich meine Frau? Und einer hat den Hörer weitergereicht, an seine Frau, Monique. Sie hörte sich die Geschichte an, vom jugoslawischen Flüchtling, dem sie geholfen hatte, von Martigues und der Schlachterei. Sie schwieg und sagte dann: *Je ne connais pas ce monsieur – non, pas du tout.* Und sie klang fast schon empört.

Alle Abbildungen stammen aus dem Privatarchiv des Autors, außer: S. 169, Foto von Jordis Schlösser.

Bibliografische Information Der Deutschen Bibliothek
Die Deutsche Bibliothek verzeichnet diese Publikation in der Deutschen Nationalbibliografie; detaillierte bibliografische Daten sind im Internet über <http://dnb.ddb.de> abrufbar.

FSC
Mix
Produktgruppe aus vorbildlich bewirtschafteten Wäldern und anderen kontrollierten Herkünften

Zert.-Nr. SGS-COC-1940
www.fsc.org
© 1996 Forest Stewardship Council

Verlagsgruppe Random House FSC-DEU-0100
Das für dieses Buch verwendete FSC-zertifizierte Papier *EOS* liefert Salzer, St. Pölten.

1. Auflage

Satz und Layout: Boer, Verlagsservice, München
Gesetzt aus der Minion Pro
Lithographie: Reproline Genceller, München
Druck und Bindung: GGP Media GmbH, Pößneck
Printed in Germany
ISBN 10: 3-421-05881-4
ISBN 13: 978-3-421-05881-2

www.dva.de

# Dank

Ich danke meiner Familie für all die Geschichten und ihre Bereitschaft, sie zu erzählen. Ich danke Ivana und Mišun, Davor und Ksenija, Boris, Branko und Gordana, Popović – bis zum nächsten Mal wird kein Vierteljahrhundert vergehen, versprochen! Ich danke Renate Nicolis, unsere Rettung in Villafranca, und Federica de Bortoli für die Gastfreundschaft, Jeannot Filippi und Antoine Feracci für die entscheidende Auskunft, Jeannot Pagni für die Erinnerungen, Max Guillen für die Telefonate, Antoine Adouche, einigen französischen Beamtinnen für die unerwartete Unterstützung, Geoffrey Bladier für die Archivsuche, Elke Garner für das Treffen, meinen Schwestern, meinen Eltern für alles, Mark Ruhrmann für die Recherche, Jordis Schlösser für die Fahrt durch Paris, Christina Reinicke für die Übersetzungen und besonders Kathrin Hadeler, ohne deren Unterstützung dieses Buch nie zustande gekommen wäre, Terezija Hirš für die Sprachkenntnisse, Alex und Chiara Ceccucci-Völker für die Höchstgeschwindigkeit, Thomas Hölzl für die Betreuung, Stefan Ulrich Meyer für das umsichtige Lektorieren und Nataly für all die Liebe und Geduld.